I0116871

CHIEN
LUNATIQUE

Vire-sur-Lot

Agenouillez-vous devant les enculés !

Du même auteur*

Certaines œuvres sont connues sous différents titres.

Romans

Le Roman de la Révolution Numérique
La Faute à Souchon (Le roman du show-biz et de la sagesse)
Quand les familles sans toit sont entrées dans les maisons fermées
Liberté j'ignorais tant de Toi (Libertés d'avant l'an 2000)
Viré, viré, viré, même viré du Rmi !
Ils ne sont pas intervenus (Peut-être un roman autobiographique)

Théâtre

Neuf femmes et la star
Les secrets de maître Pierre, notaire de campagne
Ça magouille aux assurances
Chanteur, écrivain : même cirque
Deux sœurs et un contrôle fiscal
Amour, sud et chansons
Pourquoi est-il venu ?
Aventures d'écrivains régionaux
Avant les élections présidentielles
Scènes de campagne, scènes du Quercy
Blaise Pascal serait webmaster
Trois femmes et un Amour
J'avais 25 ans
« Révélations » sur « les apparitions d'Astaffort » Brel / Cabrel

Théâtre pour troupes d'enfants

La fille aux 200 doudous
Les filles en profitent
Révélations sur la disparition du père Noël
Le lion l'autruche et le renard,
Mertilou prépare l'été

* extrait du catalogue, voir www.ternoise.net

Stéphane Ternoise

Agenouillez-vous devant les enculés !

Jean-Luc Petit éditeur - Collection Essais

Stéphane Ternoise versant essayiste:

http://www.essayiste.fr

Tout simplement et logiquement !

Tous droits de traduction, de reproduction, d'utilisation, d'interprétation et d'adaptation réservés pour tous pays, pour toutes planètes, pour tous univers.

Site officiel : http://www.ecrivain.pro

© Jean-Luc PETIT - BP 17 - 46800 Montcuq – France

« Je n'ai d'estime que pour ceux qui me résistent, mais je ne peux pas les supporter. »
Charles de Gaulle

« Je veux n'être jamais lié à un parti politique, quel qu'il soit, à aucune religion, à aucune secte, à aucune école. »
Guy de Maupassant, lettre à Catulle Mendès en 1876.

« Soyez mes enculés sinon vous serez marginalisés, ignorés, ghettoïsés, méprisés... »
> Sur votre exemplaire, le nom de l'auteur de cette sincère déclaration semble avoir été gommé...

« Quand j'eus enfin compris que, dans l'état du système et par rapport à lui, j'étais moins qu'une merde, je devins pour de bon parfaitement heureux. (...) Certes oui, l'art c'est bien beau, objectait-on en bonne logique, mais il faut travailler pour vivre, et alors vous vous apercevez qu'on est trop fatigué pour penser encore à l'art. »
Henry Miller, *Tropique du Capricorne*, 1939

« Si tu commences à t'agenouiller, t'es foutu ! T'en croiseras partout des enculés. Et ces ordures, même déguisées en gentils humanistes, n'auront qu'une idée en tête : t'imposer leur pouvoir... Et quand ils y parviennent, ils se croient importants, et l'amplifient...»
Stéphane Ternoise

Pigeonnier Entrée Cahors.Nord

Agenouillez-vous
devant les enculés !

Une chanson, un livre.
Quelle goutte d'eau a fait déborder le pichet pour m'entraîner à écrire en trois jours une chanson intitulée « Agenouillez-vous devant les enculés » et y reconnaître le titre du livre en cours ?
Il pleut tellement ! Sur le pays et dans le quotidien d'un modeste écrivain. Dans de nombreux domaines des pouvoirs tissent leur toile et l'on peut douter de l'égalité républicaine dont la défense semble la vocation des candidats de tous bords...
On ne peut pas toujours chanter des romances sous la pluie... surtout quand il s'agit d'eau non potable...

Dans de nombreux secteurs (expression préférable à "partout") des mécanismes oligarchiques se sont installés, et il se trouve toujours des complices, des collaborateurs plus ou moins zélés, des jeunes désireux de "réussir", des vieux désillusionnés et fatalistes, prompts à s'agenouiller... pour obtenir le rang de petit chef devant lesquels "le peuple" est prié de s'agenouiller... Bon nombre s'insèrent même de bonne foi dans le mécanisme... Simplement dénoncer "des gens" n'aurait pas grand intérêt : ils sont interchangeables...

Il y eut *l'indignez-vous*, avec le grand conseil de voter François Hollande par Stéphane Hessel (il aurait préféré Dominique Stauss-Kahn mais il faut parfois revoir à la baisse ses grands élans). Puis il y eut la réalité.
Il y eut les refontes des modes de scrutins. Municipales, départementales, régionales, discrètement la vie politique est confisquée par les encartés. Naturellement, le Front National récolte ainsi de nombreux bulletins de colères.
Bientôt, les villages disparaîtront. Ils doivent se regrouper, fusionner... Les maires les plus zélés recevront des médailles et des dotations de l'état majorées (ou non minorées !) ?

9

Tous les pouvoirs doivent appartenir à un petit groupe uni, soudé...

Quant aux citoyens... qu'ils défilent pour montrer l'unité du pays quand on le leur demande... Rien de tel que l'adversité pour émouvoir !

Et c'est la crise ! Les pauvres doivent naturellement accepter des sacrifices pour permettre aux industries du luxe de servir une nombreuse clientèle. Notre sort est lié à celui des riches : s'ils dépensent moins nous n'aurons plus de miettes à nous partager... Non, ils ne s'expriment pas ainsi pour justifier "les sacrifices" ?

Puis il y eut les "marches républicaines" des 10 et 11 janvier 2015. Et tout s'assembla : la cohérence. Oui, nous en étions là... Avec remontée spectaculaire des bonnes opinions pour le Président sur lequel seul un pigeon déversa sa fiente. Je m'étais trompé en l'escomptant hué, vilipendé... Il le méritait pourtant... Quand deux hommes sans réelle connaissance des lieux, entrent d'abord dans un immeuble voisin, puis pénètrent chez "Charlie Hebdo", buttent le pauvre flic en service de protection et massacrent... et ils ont même pu s'enfuir... Certes, ensuite, "force est revenue au droit"... Pas de sas de sécurité, ni d'efficace caméra extérieure, même une banque en Côte d'Ivoire semble mieux protégée que ne le furent "nos caricaturistes."
Mais l'émotion occulte la réflexion. Nos centrales nucléaires sont mieux protégées ? "On ne pouvait pas prévoir"... Y'a des questions à ne pas poser dans ces instants de recueillement... blablabla...

Et il y eut ma vie... mes confrontations aux installés... parfois l'expérience personnelle peut se transposer à l'ensemble des citoyens... EDF, Banques, notaire, sacem, ministre, président du Conseil Régional, adjoint départemental à la Culture... J'ai de "manière providentielle" découvert le fonctionnement des arrêts de travail pour un travailleur indépendant... Aucune couverture "sociale", donc l'obligation de souscrire un contrat d'assurance dans le cadre de la "loi Madelin". Avant, tout se passait bien : je payais sans déclarer de "sinistre." La décision du médecin traitant n'entraîne pas forcément le versement d'Indemnités Journalières... Le paiement, c'est pas automatique ! L'assureur se réserve le droit de convoquer son sociétaire chez un "expert", nommé et grassement rémunéré par lui... donc naturellement indépendant ! J'en ai même rencontré trois... quelques lettres recommandées ont permis de désavouer leurs conclusions... Quand on te dit de t'agenouiller... y'a peut-être la solution de vivre debout ! Quelques exemples d'agenouillés... Il faut bien les montrer du doigt !

Naturellement, édition et chanson fournissent une grande partie du contenu de ce récit. Inutile de mener une enquête pointue dans d'autres domaines... J'en ai suffisamment croisés pour oser un constat : « les enculés sont interchangeables. » Pourtant ils se croient souvent irremplaçables.

Une chanson et un livre, dans la France 2015. Mais qui les verra ? Normalement, l'espace médiatique est organisé pour ne pas permettre à ces objets non validés par les installés d'apparaître devant les yeux des citoyens...

Trois visages...

Certains s'agenouillent... plus ou moins gentiment...

Le jeudi 16 octobre 2014, je figurais parmi les destinataires de l'appel *"Soutenez Christophe Lucquin Éditeur."*
Aucune sympathie particulière pour cette profession ni capital à dilapider... mais ès président du prix littéraire SALON DU LIVRE du NET j'avais récompensé, le 1er janvier 2012, le roman *"Peut-on aimer une morte ?"* de Jean-Laurent Poli, publié par cette petite maison "indépendante".

« Christophe Lucquin Éditeur a presque 4 ans.

Aujourd'hui, j'appelle à un financement participatif sur la plateforme Kisskissbankbank, afin d'assurer la survie de la maison d'édition et de pouvoir faire face sereinement aux prochaines échéances.

La première année, je ne proposais que des livres au format numérique. Puis je me suis lancé dans le papier, car c'était ce que j'avais toujours souhaité. J'ai commencé avec des éditions limitées et numérotées à la main que j'allais proposer en librairie.

Les libraires ont progressivement accepté les livres en dépôt et, à la fin de 2012, j'ai trouvé un premier diffuseur qui a permis à la maison de franchir un pas supplémentaire et non des moindres : entrer dans un réseau, même petit, de librairies.

Peu à peu, Christophe Lucquin Éditeur a, lentement mais sûrement, gagné en visibilité.
Deux des publications ont été reprises en poche (Chercher Proust, L'été à Lulaby). Chercher Proust est sorti en Italie chez Voland, rejoint bientôt par Polleri (Baudelaire) chez Gli Elettrici ; Lento sortira bientôt en Roumanie. J'y vois le signe encourageant d'une certaine reconnaissance de professionnels.

Depuis le 1er mai, date de prise en diffusion de Christophe Lucquin Éditeur par les éditions de La Différence, j'ai enfin eu la fierté de voir les livres arriver dans un réseau beaucoup plus vaste de librairies.

Une fois les nouveautés sur les tables des libraires, le cercle des lecteurs s'est un peu élargi. Après un ou deux papiers dans la presse - miracle ! - les perspectives ont d'abord semblé mille fois plus réjouissantes... et les auspices d'autant plus favorables : la maison allait enfin pouvoir commencer à vivre.
Aujourd'hui un constat s'impose : l'ensemble est encore beaucoup trop précaire.

Je suis ce qu'on appelle un petit éditeur et par conséquent ma voix ne porte pas assez loin, et si je ne la fais pas entendre plus vite, elle risque de s'éteindre.

Sans le capital (100 000 euros) que demandent les dirigeants des principales structures de diffusion existantes, je n'arrive pas à faire voir davantage les publications de la maison. Ne pouvant rendre l'ensemble plus visible, je tourne en rond, confronté à de constants problèmes de trésorerie. Je n'ai aucune réserve pour assurer les dépenses urgentes, l'argent qui entre sort presque aussitôt.
Personne chez Christophe Lucquin Éditeur ne reçoit encore de rémunération, mais tous nous y croyons, persuadés qu'ensemble nous parviendrons à grandir pour vous proposer toujours plus de beaux textes. »

Magnifique !... Magnifique aveu d'un système verrouillé... devant lequel ce jeune homme semble désireux de s'agenouiller...

Il faut donc 100 000 euros pour plaire aux "principales structures de diffusion." Et ainsi être vu en librairie. Oh les gentils libraires piliers d'un tel ordre...

Cet appel suscita peu d'articles...
Actualitte.com l'a repris sans l'analyser, un certain "David Le murmure" notait au coeur d'un long développement :

« Je me demande qui sera votre prochain diffuseur distributeur ? Est-ce qu'une partie de votre réponse est contenue dans le montant que vous avancez ? Oui, les diffuseurs distributeurs les plus importants réclament une somme, un fonds qui les tranquillisent si jamais l'éditeur se trouvait en défaut d'assumer les conditions du contrat qu'il signe souvent le couteau sous la gorge... »

Christophe Lucquin a néanmoins obtenu une interview de fluctuat (sous premiere.fr). Où il raconte son parcours... Licencié, chômeur... il s'est lancé dans la création d'une maison...

« - Vous avez fait vos armes chez Métaillié, autre maison précieuse et discrète. Qu'avez-vous retenu de cette expérience ?
- Que les gens qui travaillent dans l'édition ne sont pas forcément très ouverts. Quand j'ai commencé chez Métaillié, j'étais impressionné, je pensais que j'allais évoluer dans une équipe, dans un monde où les esprits sont libres et, en fait, pas du tout, j'ai découvert un monde plein d'envieux, et d'esprits étroits, comme partout finalement. Ce que j'ai retenu de cette expérience ? Que je pouvais intégrer ce monde, à ma manière, apporter ma voix et la faire entendre.
Anne-Marie Métaillié a toujours accordé énormément d'importance à la relation libraire et elle a raison. Qui vend les livres ? Les libraires. Elle a donc su développer une relation privilégiée avec eux, et ça a marché. C'est quelque chose qu'elle répétait souvent. Il est clair que sans les libraires, les livres ne se vendent pas.
Et surtout, j'ai retenu la dernière phrase que m'a lancée Anne-Marie Métaillié avant mon départ : "Christophe, vous n'êtes pas fait pour l'édition". C'est quelque chose qui m'a vraiment remué, qui m'a rendu très triste à l'époque, qui m'a même découragé. Je me suis senti petit, nul, sans intérêt.

- Vous lancez deux magnifiques romans dans une rentrée à 600 et quelques livres. N'est-ce pas angoissant ?

15

- Rentrée littéraire ou pas c'est angoissant d'éditer des livres qui ne trouvent pas leurs lecteurs, parce qu'une maison inconnue comme la mienne attire l'attention de trop rares libraires, de trop rares journalistes. En fait, c'est vraiment comme si je n'existais pas. C'est lutter pour essayer de trouver un petit coin de ciel où pouvoir respirer. Il y a un réel problème. Le libraire en général, je sais qu'il ne faut pas généraliser, je sais que tous les libraires ne sont pas comme ça, heureusement. Libraire, c'est un beau métier. Le libraire est le maillon fort de la chaine un peu complexe du livre, mais il est trop difficile d'intéresser le libraire. Le libraire ne joue pas forcément le jeu. Pour qu'un livre se vende, il faut que le libraire veuille le vendre. On peut vendre n'importe quel livre, bon ou mauvais, à partir du moment où il est mis en avant. Quand je vois que la plupart des libraires ne prennent qu'un exemplaire d'un titre, ça me rend furieux, car c'est un livre qui sera de toute façon retourné plus tard. Les fameux retours… En général, cet exemplaire se retrouve rangé dans une bibliothèque parmi tant d'autres. Pourquoi prendre un exemplaire dans ce cas ? Vous allez croire que j'ai une dent contre eux, mais je le redis, pas du tout ! Je constate simplement l'incohérence de leur discours. Certains disent vouloir soutenir le travail des éditeurs indépendants, et au final, que font-ils vraiment pour les soutenir ? Certes il existe des initiatives, mais tellement isolées. Pourquoi alors continuent-ils à nous inonder des livres des grandes maisons ? Ces livres on en parle tellement, ils n'ont pas besoin d'en rajouter en les mettant en tête de gondole, en en faisant des piles de 20 ou 30. Et ce libraire censé défendre la petite édition range les ouvrages de ces derniers dans un coin introuvable. Alors oui, là il y a un problème et oui, ça me met en colère.

- Il y a un côté désespérant lorsqu'on essaie de défendre des textes, de voir que les journalistes évoquent toujours les 5 ou 6 mêmes bouquins. Vous le vivez bien ?
- Il y a les journalistes qui ne parlent que des mêmes bouquins, mais il y a aussi les libraires qui ne s'intéressent qu'aux auteurs

des grosses maisons et qui passent à côté de textes surprenants (...)

Le journaliste des grands médias ne parle pas des livres des petites maisons "inconnues", il ne les lit même pas. Je vais vous donner un exemple, je n'invente rien. Il y a un an j'ai eu au téléphone Delphine Peras de L'Express. Quand je lui ai demandé si je pouvais lui envoyer un titre, elle m'a répondu : "oh non, Christophe, je reçois 15 services de presse par jour, ne m'envoyez rien". Et sur un ton dédaigneux en plus. Eh bien je trouve ça dégueulasse. Le journaliste oublie que son travail consiste aussi à parler de choses, en l'occurrence ici de livres, dont personne ne parle. Le journaliste a le devoir de ne pas se cantonner aux livres des six ou huit maisons les plus importantes.

C'est assez pitoyable de constater qu'il existe même une concurrence entre journalistes. Un exemple : si un journaliste littéraire de Libération fait un article sur tel bouquin, le journaliste du Monde ou de L'Express, et j'en passe, se sentira obligé de faire un article sur le même bouquin, c'est à celui qui écrira la plus belle chronique. Nul. Pathétique.

Et puis il y a aussi les journalistes qui courtisent les grandes maisons dans l'espoir de se faire un jour publier. Promettez-nous des papiers cher journaliste, et nous saurons vous remercier ! »

Son diagnostic, je le partage. Je l'ai plusieurs fois exposé, par exemple dans le pavé "*Livre papier : Amazon, le seul vrai libraire en France*" dont personne n'a osé contredire l'aphorisme « Une vraie librairie, c'est un endroit où tous les livres sont disponibles, et pas seulement ceux de l'oligarchie. » Mais pas au point de reconnaître la pertinence de l'analyse...

Diagnostic similaire mais réponse frontalement opposée. Il a au moins le courage de balancer quelques vérités ! Les regrette-t-il déjà ? Lui a-t-on rapidement signifié qu'un bon enculé doit savoir fermer sa grande gueule ?

Dans son appel, en gras, il notait « Il n'y a ni petits ni grands éditeurs, il y a les éditeurs qui disposent de moyens financiers et les éditeurs qui n'en disposent pas. »

Toute l'inutilité fondamentale de l'éditeur est ainsi résumée ! Ces gens-là ne tiennent les écrivains que grâce à leur pognon. Donner du fric à ce monsieur, ce serait lui permettre d'exercer un pouvoir néfaste à la littérature. Avec 100 000 euros je vis dix ans ! 100 000 euros mais 15 000 ce serait déjà bien... Il exposait : « Avec 15 000 euros, la maison pourra :

- Poursuivre sa gestion hors découvert bancaire
- Rembourser les frais de voyage et d'hébergement des auteurs pour le prochain salon auquel participe la maison (foire du livre de Brive)
- Réserver son stand pour le prochain salon du livre de Paris
- Publier les titres prévus en 2015 sans avoir besoin d'attendre d'encaisser les ventes précédentes
- Développer la communication, par exemple les relations presse
- Assurer un meilleur suivi des publications en organisant des signatures d'auteurs en librairie ou dans les salons. »

Le ridicule de ce gaspillage de 15 000 euros vous apparaît également ? Tout cela principalement pour essayer de se montrer dans des endroits tenus, au service, des grandes fortunes... J'y suis, je suis donc de la grande et belle famille ! Un parent pauvre...

Dans son baratin, pas un mot pour le prix littéraire obtenu par Jean-Laurent Poli. Car il ne s'agit pas d'un prix des installés ? Me revient, sûrement pas associations d'idées, le passage du roman "*Adam Haberberg*", de Yasmina Reza : « *Votre amertume est écoeurante et vos doutes le sont encore plus, vous vous troublez d'être rejeté par ceux-là même que vous vomissez.* »

Le système est mauvais mais je veux y obtenir un strapontin...

Il sera intéressant d'observer son parcours dans les prochaines années...

Comme l'écrivit Michel Champendal « *il n'existe de nos jours aucune perspective de ventes de livres pour un petit éditeur parisien... »* Il avait essayé, créé une maison d'édition à son nom, en dépôt de bilan début 2009, quelques semaines avant son suicide. C'est un article de Bruno Abescat dans l'Express en ligne "*L'édition française doute de son avenir*", publié le 22 mars 2010, qui me l'apprit. « *Il n'existe de nos jours aucune perspective de ventes de livres pour un petit éditeur parisien... »* serait le dernier message qu'il laissa.

Repartons du « *Je n'ai d'estime que pour ceux qui me résistent, mais je ne peux pas les supporter* » de notre Charles de Gaulle national.

Sur twitter, le 21 février je tombe sur le titre « *Roselyne Bachelot : "Nicolas Sarkozy aime ceux qui se mettent à genoux devant lui"* »

Une interview effectivement titrée ainsi sur une page teleobs du nouvelobs.com
http://teleobs.nouvelobs.com/actualites/20150219.OBS2929/rose
lyne-bachelot-nicolas-sarkozy-aime-ceux-qui-se-mettent-a-
genoux-devant-lui.html

Il s'agit en fait d'une interprétation orientée d'un passage de la dernière réponse :
« - Dans "*A feu et à sang : carnets secrets d'une présidentielle de tous les dangers*" (Flammarion), paru en 2012, vous critiquiez sévèrement la "droitisation" de la campagne de Nicolas Sarkozy. Cet hiver, lors d'un meeting tenu près d'Angers, l'ex-chef de l'Etat a exprimé ses regrets de vous avoir "choisie" comme ministre...

- J'ai bien servi la République et j'ai été une ministre loyale. Je fais crédit à Nicolas Sarkozy de m'avoir nommée pour de bonnes raisons : il connaissait mon expérience, ma capacité de travail et ma connaissance des sujets sociaux et sanitaires. C'est lui qui a pris toutes les décisions importantes. Sur tous les sujets, j'ai appliqué « sa » politique. Je n'ai d'ailleurs fait l'objet d'aucune remontrance ni d'aucune discussion. Certains collègues, au sein du gouvernement, me disaient : "C'est drôle, tu es la seule qu'il n'engueule pas." Sur cette campagne de 2012, j'ai dit ce que j'avais à dire. Je suis une femme politique, j'ai des convictions. Je ne suis pas une femme que l'on « choisit » dans un harem. Nicolas Sarkozy est le pire ennemi de lui-même.

Pourquoi dire cela dans une circonscription que j'ai représentée pendant près de vingt-cinq ans, devant des militants qui m'aiment ? Pourquoi ne joue-t-il pas les grands seigneurs ? Pourquoi supporte-t-il uniquement les gens qui sont à genoux devant lui ? Pourquoi se laisse-t-il toujours emporter par ses passions ? Pourquoi s'en prendre à moi, alors que je suis retirée de la vie politique, chroniqueuse sur D8 et que je ne reviendrai pas dans le jeu politique ? Cet homme est incorrigible.

Propos recueillis par Alexandre Le Drollec. »

Alexandre Le Drollec ignore la différence entre "supporter" et "aimer" ? Si la vérité est banale, tweetez un résumé orienté !

La chanson

Agenouillez-vous devant les enculés

Oh peuple merveilleux qui sait te lever
Quand on t'invite à te bouger
Peuple au rendez-vous de *l'indignez-vous*
Il est revenu le temps de marcher comme un toutou

Agenouillez-vous devant
Devant les z'en
Agenouillez-vous devant les enculés
Agenouillez-vous et remerciez
Acclamez nos grands gagnants

C'est la crise, il faudra bien la payer
Les sacrifices les supporter
Travaillons plus pour nos gentils maîtres
C'est ainsi qu'ils continueront à nous donner des miettes

Agenouillez-vous devant
Devant les z'en
Agenouillez-vous devant les enculés
Agenouillez-vous et remerciez
Acclamez nos grands gagnants

Croyez pas qu'les artistes soient mieux lotis
Des p'tits chef contrôlent le pays
Ils savent blacklister en toute discrétion
Se taisent nos prétendus amis nourris de subventions

Agenouillons-nous devant
Devant les z'en
Agenouillons-nous devant les enculés
Agenouillez-vous et remerciez
Acclamez nos grands gagnants

Qui pourrait chanter *"Agenouillez-vous devant les enculés"* ?

Ehhh ?... Francis Cabrel ?... Là ce serait une surprise, il remonterait dans mon estime... Bon, soyons sérieux... Bernie Bonvoisin ? Bernie Bonvoisin, ouais !

Trust a marqué ma jeunesse en quête de repères...

Alors j'ai cherché des informations, un contact... Je lui enverrai le texte dès la sortie de ce livre... Pourquoi pas avant ? Car j'aimerais réussir à le publier avant les élections départementales...

Un article marianne.net... Du samedi 23 août 2014 à 5:00. « Bernie Bonvoisin : "Il n'y a plus d'artistes, ce sont des produits" »

« Propos recueillis par Kevin Erkeletyan

- Pourquoi la musique contestataire politiquement engagée a-t-elle, apparemment, disparu ? Le contexte s'y prête pourtant particulièrement…
- On a basculé dans un nouveau monde, dans des choses consommables, des produits. Ce qui était important avant, c'était ce qu'on était ; aujourd'hui c'est ce qu'on a. Peu importe ce que tu fais, on s'en bat les couilles mais faut que ce soit rentable. On est tombé dans la culture du néant, dans la néantissitude, dans les machines à rien, les gens qu'ont rien à vendre. « Star » d'un coup, c'est devenu une insulte. A partir du moment où les majors se sont mises à la botte des médias, ça a changé un rapport de force, on est rentré dans une autre vista du truc. Aujourd'hui, ce qui compte c'est d'être connu, de faire de l'oseille. S'impliquer dans les choses, c'est prendre des risques, de vendre moins de DVD, moins de CD…

- La musique politique a pourtant fait vendre dans les années 1980 et 1990…

- Mais bien sûr ! Mais aujourd'hui les gens s'en battent les couilles, ce qui les préoccupe c'est leur gueule. Tout ce qui est au-delà de leur nombril, ça ne les intéresse pas...

- Vous ne croyez pas qu'il y a quand même une jeunesse demandeuse de musique politisée aujourd'hui ?

- Je ne sais pas... Nous, quand on a débarqué sous Giscard, c'était une France à la trique, ça rigolait pas. Il y avait le SAC (le Service d'action civique), c'était une époque très très chaude. Mais on y est allé quand même quoi. Aujourd'hui, les jeunes qui font de la musique, ils choisissent de faire une carrière donc ils sont lisses, ils sont propres, ça déborde pas. Nous, on avait un cliché en tête : c'était sexe, drogue et rock'n'roll. Et on l'a appliqué comme une méthode. Aujourd'hui, on demande aux « artistes » de se tenir à carreau parce que si ça marche, c'est beaucoup d'argent. Faut fermer sa bouche, prendre son oseille et voilà. Et surtout, il y a de moins en moins d'artistes et de plus en plus de produits. La problématique, elle est là. On est dans un monde où il faut faire des morceaux de 3 min 30 sinon on ne vous passe pas à la radio ou pas en entier. Pour moi c'est non, va te faire enculer, le morceau il est comme ça, pas autrement. Et puis les jeunes, ils écoutent quoi ? Maître Gims ? C'est à dire des gens qui sont incapables de construire une phrase, d'aligner trois mots ! C'est aussi quelque chose de culturel : en tant qu'ado, j'ai grandi dans une queue de comète où il y avait du lourd : le Che, les luttes à l'étranger, j'ai grandi à côté de la fac de Nanterre, les mecs avaient une conscience politique. Aujourd'hui, être engagé, j'ai la sensation que c'est comme avoir une maladie ou quelque chose de sale...

- Du coup, quand vous voyez le chanteur Raphaël grimper sur la statue de Jeanne d'Arc, la tripoter et expliquer que c'est de la politique, vous en pensez quoi ?

- (Consterné...) Rien... Bon... elle risque pas de le mordre hein ! Putain, il fait des trucs de fou lui ! C'est un fou ce mec là (il se marre). C'est comme ces mecs qui sont aux Restos du cœur et qui demandent à des Rmistes d'acheter leurs albums pour que ces mêmes Rmistes puissent manger quoi… Je trouve ça honteux. J'ai eu la possibilité de les rejoindre mais je leur ai dit d'aller se faire enculer. J'ai eu la chance de côtoyer Coluche et franchement il a dû se retourner plus d'une fois dans sa tombe.

- Vous croyez que la société française a besoin d'exploser ?
- Je ne pense pas que l'explosion soit un besoin en soi. Mais en même temps le fait que les gens acceptent ce qu'ils subissent révèle quelque chose. ...

Ceci est ma réponse...

À l'indifférence de ces gens payés normalement pour être attentifs à la culture, aux élus avec régulièrement à la bouche notre "exception culturelle"...

Ceci est ma réponse au monde, à l'époque.
Ceci est ma réponse "aux riches", d'un sans-dents capable de mordre éternellement (Malvy Martin ne sera bientôt plus qu'un nom de mes bouquins).
Ceci est ma réponse aux journalistes coupables d'un boulot bâclé, je vous parle de ceux sans la moindre ligne au sujet de mes livres à leur actif.

Ceci est ma réponse aux bibliothécaires. L'édition est aussi malade des bibliothécaires soumis à la "chaîne du livre", enchaînés avec le sourire et la prétention de leur utilité.
Les complices d'un système mauvais s'octroient souvent de bonnes raisons... Ce serait moins glorieux de reconnaître "il faut bien bouffer"...

Ceci est ma réponse... j'arrête sinon certain(e)s me soupçonneront de l'intention de copier ou me moquer de l'anaphore du 2 mai 2012.

Un échec évident... préférable à certains succès...

J'ai échoué, dans le sens social du terme : malgré l'ancienneté et la constance de ma démarche indépendante, malgré des romans, essais, pièces de théâtre, livres d'art, mes ventes demeurent nettement insuffisantes et je ne suis pas même interrogé sur l'auto-édition par nos journalistes, pas plus par les blogueurs : un écrivain invisible (ou : tous ont des amis ou relations à portée de mail ?).
Exit l'auteur du « *manifeste de l'auto-édition* » et du « *guide de l'auto-édition numérique* » !

J'ai peut-être dérangé trop de monde avec une vision trop militante de l'édition indépendante (www.auto-edition.com).
Même mon assignation au TGI de Paris, par une société du compte d'auteur, qui exigeait le retrait de pages d'informations de mes sites, ne fut pas couverte. Devant cette réalité financière qui m'amène à sérieusement considérer l'exil, il me reste néanmoins la liberté, celle de l'écrit, sans le souci de plaire aux subventionneurs, ces notables qui tiennent une bourse et autres avantages ou récompenses devant le nez des écrivains.

Car il s'agit "simplement" d'une équation sociale : où vivre avec le peu de revenus généré par ma littérature. Aucune intention de cesser d'écrire ou d'offrir ma plume à l'oligarchie !

Même si nos encensés donnent surtout l'impression de courir après les honneurs, historiquement un écrivain se confronte à son époque. Il n'y a plus d'écrivain en France, osent penser certains (peut-être même François Busnel quand il part aux États-Unis interroger « *les derniers fous* », les descendants des Balzac, Hugo…). Ma défaite sociale n'est donc guère surprenante (on ne doit pas ignorer les us et coutumes qui régissent un milieu !), même si l'échec littéraire seul prime dans ce domaine, à long terme. Mais l'échec social peut compromettre ma fin de vie, qui devrait constituer ma meilleure période, logiquement ! Car « il faut bien bouffer » ! Je ne demande d'ailleurs guère plus, acceptant de vivre de très peu, sous le seuil de pauvreté nationale.

La révolution numérique me permet, malgré tout, de déposer un nouveau témoignage. J'ai rêvé d'une grande révolte dans « *la grève générale des écrivains...* » mais tant que les éditeurs parviendront à en tenir 99%, en leur faisant miroiter la possibilité de gagner le grand lot de la médiatisation et des récompenses, les écrivains souffriront... J'ai essayé, en vain, de conceptualiser la réappropriation par les créateurs des revenus nés de leur travail...

"Le roman de la Révolution Numérique" est resté invisible. Même dans sa réédition sous le titre "le roman invisible." Il est préférable de coucher, ou avoir couché, avec le Président pour intéresser les journalistes...

Un écrivain invisible devrait se suicider devant le bureau de monsieur Martin Malvy ? Non, car le but n'est pas d'intéresser les médias mais de vivre, pour avancer le plus loin possible dans l'œuvre...

Stendhal a continué d'écrire, malgré l'indifférence de son époque, persuadé qu'une cinquantaine d'années après sa mort son talent serait reconnu... J'espère un jour pouvoir vivre décemment de mes écrits, en France. Tout créateur doit apprivoiser l'échec pour trouver sa voie. Mais naturellement le système fonctionne sur la gloire des "jeunes talents."

Moulin de 1828 du Mas de la Bosse
Promilhanes

Ils tournent comme les ailes d'un moulin à vent mais ce sont
des girouettes...

La curieuse idée de vivre de ses ventes !

Un écrivain peut-il vivre de ses ventes en France ? Doit-il plutôt "faire carrière", publier chez des notables pour un jour accéder à la mondanité, monnayer son audience ès « chroniqueur » ? Doit-il se taire et se soumettre à un système confisquant 90% des revenus des écrits, avec des éditeurs tranquillement installés dans le club des grandes fortunes de France ?

Tout écrivain qui ose l'indépendance est condamné à quitter le pays dit de la liberté et de l'égalité (ne parlons même pas de fraternité dans la région dirigée depuis 1998 par monsieur Martin Malvy) ?

Que font les Torreton de la terre quand il s'agit des écrivains dont le revenu peut permettre une vie décente au Burkina Faso ? De nombreux créateurs tiennent grâce aux subventions, octroyées par une oligarchie au service d'un univers littéraire contrôlé par quelques grands groupes. Il faut plaire aux maîtres, soutenir leur système, sinon la machine à marginaliser vous broie...

J'ai choisi de vivre de peu pour essayer de tenir mais il arrive un moment où l'épuisement et la réalité économique peuvent emporter le travailleur indépendant. La France fut un pays d'espoirs, elle devient le royaume des oligarchies. Lectrices, lecteurs, vous êtes concernés : vos achats peuvent transformer l'utopie de l'indépendance en voie vivable, ici et maintenant. Ou il nous faudra partir.

Cette France figée de 2015 volera un jour en éclat mais pour certains, il s'agit de s'engraisser au maximum, « faire carrière. » Leur fortune leur permettra de "rebondir ailleurs." Je rêve d'une révolution numérique, ici et maintenant. Une vraie révolution, pas le simple passage du papier à l'ebook avec les mêmes mœurs.

Quand la gauche est au pouvoir, les artistes ferment leur gueule ?

Cette gauche "naturellement" du côté des créateurs, artistes, intellectuels… Vous y croyez encore ?

Cette gauche s'ébaudit de tous ses pouvoirs, le monde culturel étant prié d'applaudir, s'enthousiasmer du changement, sinon l'accusation de souhaiter le retour d'une mauvaise droite fusera. Je n'ai jamais soutenu l'UMP mais depuis avril 2002 je n'ai pas eu l'occasion de remettre un bulletin socialiste dans une urne. De gauche mais il ne faut quand même pas exagérer !

J'ai choisi de vivre dans le Lot. Depuis 1999 j'essaye de m'impliquer sur Internet, malgré des instances régionales et départementales sourdes aux réels besoins de cet engagement. Naturellement, dans ces zones où tant de personnes aimeraient pouvoir vivre, les panneaux « à vendre » se détachent parfois des maisons, d'usure. En guise de haut débit, nous avons fini par récolter la solution « Alsatis », une société toulousaine, un wifi des campagnes…

Naturellement, je n'ai jamais cru au changement dans le domaine culturel, je n'ai jamais cru à la rupture opérée par les corrézien Hollande d'avec les lotois Miquel et Malvy, l'un à la tête du conseil général (jusqu'en 2014 où il installa "son candidat" afin de se permettre d'accéder au fauteuil de maire du "village préféré des français"), l'autre à la région. Il a même embarqué dans son gouvernement Sylvia Pinel, qui semble être une personnalité remarquable pour les journalistes du grand quotidien régional, certes dirigé par le patron du PRG, Parti Radical de Gauche, Jean-Michel Baylet.

Depuis une décennie, je dénonce la politique du Centre Régional des Lettres, en proposant des changements. En 2004, Alain Bénéteau, alors président, eut une belle formule en reconnaissant « *nous ne pouvons probablement pas rester sur une situation non évolutive.* » Il ne fallait pas trop l'espérer porteuse d'espoir ! Depuis, la formulation anti-auto-édition fut adoucie mais l'orientation n'a pas dévié d'un degré.

Naturellement, il n'y a peut-être aucun lien entre les deux « affaires » mais en mars 2010, l'avocat du Conseil Régional m'envoya une lettre recommandée pour m'interdire d'afficher le logo (et le nom de la marque !) du Conseil Régional sur conseil-regional.info, portail essayant d'observer les politiques régionales et relatant la politique menée par monsieur Malvy dans le domaine culturel...

Quant à mes relations avec le Conseil Général du Lot, elles passent par l'exclusion du Rmi, racontée dans « *viré viré, même viré du rmi* », et une totale indifférence départementale pour mon parcours, un récent échange avec monsieur Gérard Amigues constatant l'étendue du fossé entre un écrivain et un adjoint à la culture départementale (également notre représentant au Centre Régional des Lettres).

Un écrivain doit se faire bien voir des politiques ou peut-il écrire en pensant que la France reste un grand pays ? Il doit trouver un juste milieu : pas forcément prendre sa carte d'un parti mais témoigner régulièrement d'une grande allégeance (faire son Torreton pourrait devenir une expression du langage courant) ?

Comme un écrivain indépendant

L'auto-édition, c'est légal ! Donc il faut respecter les lois !

Même dans des guides de l'auto-édition (ou autopublication), certains préfèrent orienter les auteurs vers des « éditeurs 100% numériques », plutôt que de détailler la législation en vigueur. Ils ne la connaissent certes peut-être pas, faute d'avoir lu le livre de référence (voir www.auto-edition.com).

L'auto-édition, sans organisme représentatif, sans auteur médiatisé, se retrouve coincée, attaquée par l'édition traditionnelle et "la nouvelle économie", avec toujours la confusion entretenue par des gens très distingués d'avec le compte d'auteur.

Naturellement, pour les jeunes structures « *pure player* » (totalement numériques), l'auto-édition représente le premier adversaire : ils ne peuvent proposer aux habitués de l'ancienne économie une médiatisation identique à celle des mastodontes ; ainsi, même en accordant des droits d'auteur décents, éprouvent des difficultés à débaucher des écrivains qui préfèrent conserver 10% des revenus de ventes poussées par les médias plutôt que de tenter l'aventure même à 30 ou 40% avec un prestataire peu pourvu en relations ; leur terrain de chasse se limite donc encore le plus souvent aux autres, ceux tentés par l'auto-édition, soit dans mon approche, soit dans l'ersatz qui peut offrir une réelle visibilité, celle des plateformes qui tentent de s'imposer sur le modèle d'une vente des ebooks avec un seul intermédiaire (eux) entre les acheteurs et l'auteur (Amazon, Kobo, Itunes) ; cette formule présente des avantages mais même si les ventes se concentrent sur quelques plateformes, une présence sur le maximum de points de vente semble préférable, surtout quand cette possibilité existe à un tarif raisonnable, 10% de commissions, comme le pratique Immateriel.

Je ne suis pas certain que les utilisateurs de la plateforme d'autopublication d'Amazon Kindle remplissent l'intégralité des obligations légales de leur statut d'auteur-éditeur !…

La loi française permet à un écrivain d'être son propre éditeur, une profession libérale, auteur-éditeur. Il paye ses cotisations URSSAF, RSI mais quand le conseil régional alloue des bourses de 8200 ou 8000 euros, il en exclut d'une petite phrase l'indépendant en exigeant « *l'auteur doit avoir publié au moins un livre à compte d'éditeur (sous forme imprimée)* » Devrais-je "sacrifier un livre" en le proposant, l'accordant à un éditeur ? Je le vivrais comme une perte de crédibilité par rapport à mes convictions. Devrais-je un jour en arriver là ?

Ces sommes, seuls des auteurs inféodés aux éditeurs traditionnels peuvent y prétendre. Ils ne s'en gênent pas ! La mission culturelle des politiques consiste donc à tendre quelques carottes aux écrivains afin qu'ils ne dénoncent pas publiquement un système injuste, des lois écrites par les éditeurs, pour les éditeurs ? (pour reprendre l'expression d'un député) Naturellement, l'ensemble de la politique régionale suit l'esprit de cette concurrence déloyale écrite. Certains écrivains indépendants participent à quelques salons, quand ils n'ont pas la prétention de révolutionner le monde de l'édition, quand ils acceptent un strapontin et le rôle d'un auteur en échec, s'autoéditant faute d'avoir pu être accepté par une des grandes maisons nationales ou même une modeste structure régionale.

Au niveau départemental, il y a également de l'argent pour l'édition, comme le rappelle monsieur Amigues...

Bref, il arrive un jour, où l'écrivain n'en peut plus, même en acceptant de vivre sous le seuil de pauvreté, malgré une démarche réellement professionnelle, avec de réels résultats.

Déconsidérer une activité légale, artisanale, pour satisfaire les industriels

La production industrielle de la viande a presque réussi à faire disparaître l'élevage de qualité. Qui, en France, chez les moins de 30 ans, connaît le vrai goût du cochon ?

Grâce aux contrôles administratifs, aux règlements, même dans nos campagnes il devient quasiment impossible d'acheter un vrai cochon, ayant naturellement dépassé les 150 kilos et les 365 jours de présence sur terre.

Les industriels vous emballent cela dans du plastique (qui se demande combien de particules passeront dans notre corps ?) et certifient le produit conforme à l'ensemble des normes actuelles. Soyez rassurés et contents ! L'amiante répondait aux normes. Comme les ondes s'y plient (puisque naturellement les spécialistes ont suivi les mêmes formations, ils ne risquent pas de se poser les questions qu'un écrivain ose parfois balancer, mais comme il n'est pas spécialiste, les médias ne peuvent naturellement lui ouvrir leurs espaces, sinon les sponsors fuiront ; faut laisser faire les spécialistes, c'est bien ce que chantait Léo Ferré ?…). Même Coca-Cola modifie sa formule aux États-Unis quand son produit ne répond plus aux nouvelles normes, en continuant de distribuer ailleurs l'ancien breuvage, puisqu'il répond aux normes. Les industriels aiment les normes car elles les dédouanent de morale, protègent (presque toujours) des actions en justice.

Quel rapport avec l'édition ? 25 000 points de vente accaparés par les industriels du livre. Le livre est une industrie, qui ne laisse aucune place aux artisans. « *Pourtant, je crois qu'une industrie culturelle aussi complexe que la vôtre ne pourra pas reposer sur ce nouveau modèle.* » Cette phrase est sortie de la bouche de notre Aurélie nationale alors ministre de la Culture (et de la communication), devant le parterre des éditeurs réunis par leur syndicat, le SNE.

Avant Internet, il était quasiment impossible d'acquérir les œuvres des écrivains indépendants au-delà d'un rayon d'une centaine de kilomètres où ils se déplaçaient dès qu'ils pouvaient obtenir une chaise et une table pour les présenter. Les salons du livre des campagnes, les signatures, même en librairie, quand un article dans le quotidien local augurait de ventes faciles (l'auteur les aurait obtenues s'il s'était installé sur une table devant la mairie... mais ça ne se fait pas !)

Naturellement, agriculteur et auteur-éditeur sont des activités légales. Pourtant, il semble impossible de les exercer vraiment, tranquillement, par amour du travail bien fait. Les derniers modestes agriculteurs cumulent avec une activité extérieure ou la retraite. Culture comme agriculture, le modèle industriel a imposé son approche. Les consommateurs critiquent parfois la marchandise en rayons, qu'elle soit alimentaire ou culturelle, mais finalement ne voient pas comment leurs modestes moyens pourraient stopper, inverser cette dérive.

Heureusement, des mouvements se forment, de vente directe, de regroupement d'acheteurs pour permettre à une exploitation « bio » de vivre. Mais bien tard : quand l'agriculture artisanale a quasiment disparu ! Consommateurs, vous avez également le pouvoir de faire vivre des écrivains indépendants !

Il n'existe aucune réelle volonté politique de permettre aux modestes de vivre décemment de leur travail. Certes, les scandales sanitaires, la montée des taux de nitrates et pesticides, incitent, parfois, à une prise de conscience, rapidement balayée par d'autres informations... Problème de l'information, dans l'alimentation comme dans le culturel. Problème de cohérence politique également : que sont devenus les mouvements écologiques ? (hé oui, il faut bien avaler des couleuvres si l'on souhaite obtenir facilement quelques élus et des places au gouvernement...)

L'information se manipule tellement facilement ! Il suffit, par exemple, de prétendre que l'auto-édition c'est du compte d'auteur pour dévaloriser les indépendants. Aurélie F. s'indigne quand Wendel améliore son image avec du mécénat, et ne réagit naturellement pas à la sortie d'Arnaud Nourry déclarant dans *les Echos « L'auto-édition a toujours existé : ça s'appelle l'édition à compte d'auteur »* (j'ai publié *« L'auto-édition ce n'est pas du compte d'auteur, cher monsieur Arnaud Nourry, PDG Hachette Livre »* ; contribution presque invisible…)

Donne ton livre au maire !

Si le maire te demande de lui offrir un livre, c'est qu'il te considère comme une... ?...
Si t'offres un livre au maire, t'es une merde.

Naturellement, l'exigence du premier magistrat n'est pas forcément directe et agressive... Admirons ainsi la délicatesse du message d'un premier adjoint : « *Je pense que Monsieur le maire enfant du pays sera encore plus sensible que moi à vos publications, et si je peux me permettre de vous faire une suggestion ce serait de lui offrir votre ouvrage, je suis certain qu'il en ferait large information et diffusion autour de lui..! »*
La suggestion vous semble choquante, télécommandée ? Dans ce cas précis, il convient de signaler l'existence d'une forte présomption de mission "d'information" assignée à son inféodé par le premier magistrat : après avoir encouragé la publication du livre pour la mise en valeur du village, après avoir indiqué qu'il en serait acquéreur à titre personnel et pour la commune... aucun livre ne fut acquis par un membre du conseil municipal...

Ce message, déjà, aurait été, disons, déplacé. Mais j'y ai apporté une correction. Je vais vous fournir l'original... J'ai remplacé "jé" par "gges"... Oui, vous avez bien retenu, un seul terme contient "gges"... "suggestion" était donc orthographié "sujétion".

Magnifique lapsus de la suggestion en "sujétion." Oui, l'auteur est un sujet de sa majesté le petit empereur !
Convient-il d'applaudir le premier adjoint pour son grand écart de transmettre le message tout en exprimant sa pensée par ce lapsus ?... il a su réussir un numéro d'équilibrisme, à condition que l'auteur le comprenne tout en ayant la bonté de ne pas balancer l'explication au maire...

« *Je pense que Monsieur le maire enfant du pays sera encore plus sensible que moi à vos publications, et si je peux me permettre de vous faire une sujétion ce serait de lui offrir votre ouvrage, je suis certain qu'il en ferait large information et diffusion autour de lui..! »*

Ah la sujétion ! J'imagine ce premier adjoint très chagriné par cette "commission"... mais n'osant pas la refuser... Ce lapsus lui a échappé ? Un brave homme sûrement en plein assujettissement. Soyez soumis ! Agenouillez-vous devant les enculés.

- Qu'es-tu répondu ?
- Rien... J'aurais pu répondre "je ne suis pas du genre à accepter la sujétion" ou "j'ai bien noté votre demande de sujétion, vous transmettrez mon doigt d'honneur à votre maître" ? Non, il ne méritait pas de pouvoir s'excuser d'un lapsus en dénonçant ma vulgarité... Mais je savais qu'un jour cette exigence serait connue. Peu importe si ces gens-là pourrissent sous terre quand elle bénéficiera d'une large audience (ce livre, la pièce de théâtre ou ?...)
- Donc aucun esprit de vengeance ?
- La haine stoppe son propre développement... Je pense mes progrès plus important que ces pauvres hommes... j'aurais peut-être pu témoigner toute ma solidarité avec le premier adjoint, lui expliquer comprendre sa faiblesse, lui souhaiter bon courage...

Ce qu'est devenu l'écrivain en France ? François Busnel raconte

François Busnel connaît très bien l'édition officielle française, il en est l'un des piliers médiatiques : journaliste littéraire, depuis 2008 il présente "*la Grande Librairie*" sur France 5. Le nom de l'émission semble ficher son orientation... et c'est effectivement le cas... Aucune place ne sera accordé à un type comme moi !
Durant deux saisons, il a également mené "*le grand entretien*" sur *France-Inter* de 17 à 18 heures, "en semaine".
Ajouter : chroniqueur à l'*Express* et rédacteur en chef de *Lire*... Un incontournable à choyer !

François Busnel donne du « *nous journaliste...* », dans la série "les journalistes interrogent les journalistes", quand Philippe Vandel le reçoit pour l'émission du 13 décembre 2012 "*Tout et son contraire.*" Car François Busnel était allé aux États-Unis pour réaliser le portrait des derniers « *vrais écrivains.* »

François Busnel : « *Ce qui est intéressant, c'est d'aller à la rencontre des derniers grands fous qui sont les fous géniaux. Si on avait pu aller rencontrer au 19e siècle Baudelaire, Flaubert, Gérard De Nerval, Lamartine, Victor Hugo, Balzac, vous pensez que l'on aurait eu affaire à des gens normaux ? Mais pas du tout, ce sont des grands fous mais c'est des fous géniaux. C'est c'qu'on appelle les fous littéraires. Et alors, aux États-Unis, il se passe quelque chose d'assez incroyable, c'est que l'écrivain n'a pas de statut social, c'est-à-dire il n'est pas comme à Saint-Germain-des-Prés, en train de donner son avis sur tout, de boire des coups pour se faire remarquer par la presse et par les gens, il signe pas d'autographe... Au contraire il n'a aucun ego donc il s'enfonce dans cette espèce de folie qui est créatrice du coup, qui devient une folie créatrice, régénérante, c'est ça qui est absolument extraordinaire aux eux, donc on est au cœur du processus de création.* »
http://www.franceinfo.fr/entretiens/tout-et-son-contraire/francois-busnel-aux-etats-unis-l-ecrivain-n-a-pas-de-statut-social-831795-2012-12-13

« *Quelque chose d'assez incroyable* », qu'il existe encore des êtres humains pour respecter la littérature au point d'y consacrer leur vie plutôt que de gérer leurs relations ! Incroyable, pour M. Busnel qu'on ne passe par notre temps à essayer de se faire remarquer des journalistes en offrant l'apéro.

Philippe Vandel aurait pu, aurait dû, le prier de conclure logiquement ? Nos "grands écrivains" n'auraient plus rien de commun avec les Balzac, Flaubert ou Hugo ? Est-ce la raison de la dégringolade de la littérature officielle française ? Une production industrielle dont il ne restera rien dans un siècle ?
Philippe Vandel ne semble pas du genre à embarrasser un confrère avec un « alors, François Busnel, soyez sérieux et responsable, arrêtez de faire la promo des pitres, cherchez en France si de vrais écrivains ne mènent pas un combat invisible… »
La dérive est connue mais tant que la machine tourne, l'édition officielle se gargarise d'exception culturelle et autres conneries censées faire vendre et subventionner.

Sur le même sujet, j'ai déniché une interview intéressante d'Alain Beuve-Méry (petit-fils du fondateur du *Monde*, Hubert) qui « *couvre le secteur de l'édition pour le journal Le Monde depuis 5 ans* », au 8 Octobre 2011, réalisée par F.K de tahiti-infos.com à l'occasion du "*Salon Lire en Polynésie.*"
« - Avez-vous lu l'un des ouvrages édités localement ?
- C'est très frais, mais je viens de lire le dernier Chantal Spitz, *Elles. Terre d'enfance. Roman à deux encres.* (...)
- On est en pleine rentrée littéraire en métropole. Ce livre pourrait-il percer ?
- C'est un livre qui mérite d'être édité, assurément. Mais vous le savez sûrement, entre 600 et 700 romans paraissent entre le 25 août et le 15 octobre chaque année. Tout dépend donc beaucoup de la maison d'édition dans laquelle vous êtes édités, et du travail fait en amont par les attachés de presse auprès des journalistes et des jurés littéraires. Chantal Spitz est un frêle esquif au milieu de nombreux bateaux. Mais pourquoi pas ? Son

livre pourrait, ou devrait, trouver un public en France. J'espère pouvoir en parler avec elle au Salon. C'est très intéressant de rencontrer de vrais écrivains, très différents de ceux qu'on a l'habitude de lire en France. »

Alain Beuve-Méry pourrait (devrait) donc également regarder ailleurs !

Retour à François Busnel, qui connaît très bien l'édition officielle française et peut-être même, un peu, Stéphane Ternoise !... Il semblerait (d'après la signature) qu'il ait pris, en personne, sans délégation, le 18 mars 2009, la lettre recommandée envoyée, ès directeur de la rédaction de Lire. Le nom de la société est remplacé par Z* dans la copie ci-dessous. Sans suite.

Monsieur François Busnel
Directeur de la rédaction LIRE
29 rue de Châteaudun
75308 Paris cedex 09

Objet : Procédure Z* depuis juin 2007.
Monsieur François Busnel,

En couverture de votre numéro de mars, vous notez :

Compte d'auteur : évitez l'arnaque

Et dans votre article apparaît Z*, société pratiquant le compte d'auteur sans le spécifier clairement sur son site.

Fin 2006, Z* a exigé, via des mails truffés de fautes d'orthographe et d'incohérences, que je supprime deux pages de mes sites internet. J'ai naturellement refusé (j'avais proposé en 2002 un droit de réponse à Z*, reproposé en 2006).

Pour avoir écrit sur auto-edition.com « *Ne payez jamais un éditeur* », avoir déconseillé Z*, avoir réalisé en juillet 2002 l'interview de François AKEL, auteur québécois alors en conflit avec Z* (il avait payé 6 867,5 euros pour des « prestations »), Z* m'a assigné au Tribunal de Grande Instance de Paris, en juin 2007, souhaitant me faire condamner à lui payer 366 000 euros ! (son prétendu préjudice à cause de mon information visible via google, qui résumait lors d'une recherche « Z* », une de mes pages avec *arnaque* proche de Z*…)

La procédure est toujours en échange de dossiers via avocats. Dans le silence médiatique général.

Je vis loin de Paris (Montcuq, dans le Lot), j'ai pour la première fois un avocat (je suis un modeste travailleur indépendant, sûrement l'un des rares auteur-éditeur professionnel du pays, vivant de ma plume loin des médias ecrivain.pro) ; je ne touche aucune subvention ni aide sociale mais bénéficie de l'aide juridique pour ce procès.

Durant la procédure, j'ai même été accusé d'avoir écrit des propos diffamatoires sur mon site… lire.fr !
Oui vous êtes parfois présent dans ce procès ! Il m'a donc fallu prouver ne pas être propriétaire de LIRE.FR mais cette preuve fut prétendue par Z* comme… l'aveu que j'avais écrit ces propos ! J'ai parfois l'impression d'une procédure kafkaïenne…

Pas un mot dans les médias sur ce procès pourtant essentiel pour internet : est-ce qu'avec de telles procédures (ou simplement des menaces de procédures), certains vont obtenir la soumission des chroniqueurs indépendants ?
Un résumé rapide. Vous comprenez ma préférence pour un tel envoi en recommandé !…

Vous bénéficiez d'une audience vous protégeant d'une procédure de ce genre… Prendrez-vous position dans ce procès qui me bouffe la vie depuis si longtemps ?

Veuillez agréer, monsieur François Busnel, mes respectueuses salutations.

STEPHANE TERNOISE, parfois romancier
http://www.ecrivain.pro http://www.romancier.org
http://www.auto-edition.com http://www.lewebzinegratuit.com

François Busnel connaît très bien l'édition officielle française... À l'occasion d'un Salon du livre, LEXPRESS.fr semble avoir proposé à des "anonymes" de le questionner, "interview" publiée le 12 mars 2009.

- Quels auteurs sont selon vous surestimés dans la littérature contemporaine ?

François Busnel : *- Je dirais Houellebecq, Sollers...*

Plus loin : « *La Grande Librairie... Je n'invite pas "les vedettes du jour" : vous n'avez vu dans mon émission ni BHL ni Houellebecq ni Sollers... mais des écrivains cultes comme John Berger (qui ne fait jamais de télé), Jim Harrison, ou encore Christian Gailly ou Olivier Cadiot. Des auteurs de premier roman comme Tristan Garcia ou Jean-Baptiste Del Amo... Quant au show-biz, c'est ailleurs que dans la Grande Librairie... Cela dit, je ne suis pas certain que qui que ce soit aujourd'hui soit le futur Balzac, le futur Twain ou le futur Zola. Mais ce sont de bons écrivains dont les livres sont excellents.* »

C'est dans "*la grande librairie*", sur France 5, le 15 septembre 2011, que François Busnel encensa le roman "*Rien ne s'oppose à la nuit*" de Delphine de Vigan, un roman « *absolument extraordinaire* » qui « *sort du lot* ». Non, pas du département du Lot ! Il ne lui sembla pas nécessaire de préciser que la jeune femme partageait sa vie. Depuis que Lucien Morisse, directeur des programmes d'*Europe 1*, n'hésita pas à diffuser en boucle Dalida, sa compagne puis épouse, le procédé semble entré dans les mœurs.

arretsurimages.net note au 4 novembre 2011 : « *Hier sur France Inter, Delphine de Vigan est revenue sur son passage sur le plateau de son compagnon François Busnel, le 15 septembre sur France 5. Et l'auteure de* Rien ne résiste à la nuit *(éd. JC Lattès), qui domine les ventes de roman depuis la rentrée, a clairement dit qu'elle s'était sentie "atrocement mal à l'aise". Tout en défendant sa "légitimité" à être invitée dans cette émission littéraire, et en rappelant que les plateaux télés sont régulièrement remplis de proches d'animateurs, sans que personne ne le dise ou que ça gêne quiconque.* »

Donc les médias officiels en sont arrivés au point où « *les plateaux télés sont régulièrement remplis de proches d'animateurs, sans que personne ne le dise ou que ça gêne quiconque.* » Bien que vivant sans télévision, madame la romancière, je vous le balance gentiment : ça me gêne beaucoup que la littérature soit ainsi prise en otage par les fils, filles, compagnons, compagnes, amis de...

La même page arretsurimages.net note « *Le site du Nouvel Observateur signale que, sur la page web présentant le prix du roman France Télévisions, qui vient d'être attribué à Delphine de Vigan (et dont François Busnel faisait partie du comité de sélection), la télé publique signale bien qu'elle a reçu l'auteure sur deux plateaux... mais a "oublié" La Grande Librairie.* »
Peut-être même que personne ne fut gêné que ce prix soit remis à la compagne de monsieur François Busnel par le groupe où il occupe une place prépondérante. Peut-être que personne ne le dit. Peut-être que personne n'ose le dire. Eh bien, pour moi, ces pratiques n'honorent ni le groupe *France Télévisions* ni monsieur Busnel, ni même l'éditeur *JC Lattès*, du groupe Lagardère.

Malgré mes critiques sur le mastodonte Lagardère où édite son épouse, Monsieur Busnel, grand professionnel, présentera peut-être un jour mes écrits. Je nous le souhaite !... N'hésitez pas, si vous le rencontrez, à lui conseiller de regarder du côté de Montcuq !

Via twitter les insignifiants peuvent parfois titiller les puissants.

Le 17 juin 2013 je m'adressais ainsi au petit-fils du fondateur du Monde :

« @BeuveMeryAlain La France reste un pays où les journalistes s'intéressent aux romans des éditeurs amis http://www.romancier.org/roman2013.html »

Alain Beuve-Méry @BeuveMeryAlain répondait le jour même :

> « @editeurpro c'est vrai. Mais quand le film est bien.On fait quoi »

Mais aucune réponse ne serait accordé à editeur.pro @editeurpro du 19 juin 2013 :

> « @BeuveMeryAlain Mais à trop vous intéresser aux amis, vous n'avez plus le temps de regarder ailleurs! Comme expliqué
> http://www.romancier.info/romancier6.html »

A) salons du livre

Une réponse de monsieur Michel Dumas, Premier Adjoint, chargé des Affaires Culturelles à la mairie de Brive-la-Gaillarde, résume la situation. Son ancienneté démontre bien la profondeur des difficultés et permettra de mieux expliquer le virage 100% numérique presque indispensable aux indépendants.

Brive-la-Gaillarde, le 17 DEC 1997

Cher Monsieur,

C'est avec attention que nous avons pris connaissance de votre courrier contestant le montant des droits d'inscription à la Foire du Livre.

Je comprends qu'ils vous paraissent élevés eu égard à votre situation d'auteur-éditeur.

Il est vrai que ces frais ne posent pas de problème aux grandes maisons d'édition comme Grasset, Gallimard ou le Seuil, qui œuvrent par ailleurs depuis plusieurs décennies à constituer un fonds de la pensée française.

Le montant des droits sera l'an prochain vraisemblablement identique. Ils sont fixés d'un commun accord avec nos partenaires : les librairies de la ville et l'association "Les amis du Livre".
De plus, toute manifestation d'envergure comme la Foire du Livre, engendre des coûts importants, et les droits d'inscription représentent une recette indispensable.

Je vous prie de recevoir, Cher Monsieur, l'expression de mes sentiments les meilleurs.

La Foire du Livre de Brive est considérée comme la deuxième du pays, derrière Paris. Elle est également connue pour son train emmenant en Corrèze les parisiens… J'en ai fait une chanson. Il est peu probable que même si je deviens la référence de l'édition numérique, ces gens m'invitent... Peut-être celles et ceux qui relanceront cette manifestation après son effondrement... On peut rêver ! Un jour, ces structures n'auront peut-être plus les moyens de telles parades honorifiques. Certes, n'espérons pas la faillite des familles Gallimard ou Lagardère... ce n'est pas la même chose ! Les salariés de ces maisons sentent peut-être déjà le vent d'un possible ouragan... duquel naturellement ont su se protéger les grands patrons en amassant de quoi permettre à leurs arrières-petits enfants de vivre confortablement.

Salon du livre de Brive ou train mondain des écrits vin

Dans un train
Pompeusement proclamé train des écrivains
Des parisiens naturellement très mondains
Au départ presque ou totalement à jeun
Arriveront ivres
À Bri-i-ve

Pour certains
L'attachée de presse s'est empressée le matin
D'expliquer au très cher très notable écrivain
Le contenu du bouquin à dédicacer
Et même à commenter
À la télé

À Brive
On y voit des livres
Mais pas ceux des écrivains
Qu'on dit un peu martiens
Parce qu'ils vivent debout
Et non à genoux
Devant les éditeurs
Devant les distributeurs
Parasites qui font leur beurre

Dans un train
Où les écrits se bonifient moins que le vin
On commente les à-valoir et les pots-de-vin
D'un peu de baratin on s'eni-i-i-vre
On arrive
À Brive

Y'a des drôles
Qui osent parfois proclamer sur des banderoles
Regardez passer le train du cholestérol
Ils mangent dans la main des marchands ces p'tits pantins
À la foire du livre
De Brive

À Brive
On y voit des livres
Mais pas ceux des écrivains
Qu'on dit un peu martiens
Parce qu'ils vivent debout
Et non à genoux
Devant les éditeurs
Devant les distributeurs
Parasites qui font leur beurre

Deux manières opposées s'observent face aux portes fermées : certains insistent, quémandent, supplient même, quitte à essayer de passer par une fenêtre (dans notre cas, un libraire, éditer un livre chez un éditeur régional, créer une association d'édition…) et peu osent taguer ces portes !

Monsieur Michel Dumas, je vous ai dédié cette chanson ! J'ai également ironisé sur leur Prix de la Langue Française, qui prétend « *récompenser l'œuvre d'une personnalité du monde littéraire, artistique ou scientifique qui a contribué, de façon importante, par le style de ses ouvrages ou son action, à illustrer la qualité et la beauté de la langue française.* » En plus de mes écrits, mes actions pour l'indépendance des écrivains semblent me permettre de prétendre correspondre au profil recherché. Non ? Ce prix, créé en 1986 par la Ville de Brive, est remis lors de l'ouverture de leur Foire. Lauréat 2003 : Dominique de Villepin, alors Ministre des Affaires étrangères, l'un des plus proches amis de Jacques Chirac, président de la République implanté en Corrèze où son épouse reste élue au Conseil Général. Le pire, peut-être, c'est que l'auteur Dominique de Villepin ait accepté cette distinction. Vite, madame Aurélie Filippetti, sortez votre troisième roman, vous feriez une excellente lauréate.

En novembre 2009, un grand moment littéraire éclipsa les écrivains à la foire du livre de Brive : Jacques Chirac et François Hollande, ès "régionaux", le premier dédicaça [le c sans cédille est parfois conseillé...] "*Chaque pas doit être un but*" (Nil éditions), et l'ancien premier secrétaire du Parti socialiste "*Droits d'inventaire*" (Seuil).

Paris (organisé par le SNE, le syndicat des éditeurs) et Brive impossibles, où se montrer, dédicacer, vendre ? Remercier pour un strapontin dans les villes modestes ?

J'ai participé à de nombreux salons du livre. Je n'y ai jamais senti la moindre considération. Soit il s'agissait de communes qui ne peuvent s'offrir de vedettes, genre Castelnau-Montratier, Mercuès ou Firmi, soit elles nous accueillent comme la troisième roue du carrosse, ès locaux, parfois relégués au sous-sol sous un chapiteau comme à Gaillac où les libraires règnent sur la belle salle de l'abbaye St Michel ou à Figeac, avec sa rangée de seconde zone…

De plus en plus de municipalités ont délégué, également par facilité, la gestion de ces « fêtes » aux libraires, qui génèrent ainsi un chiffre d'affaires considérable en quelques heures et sont les réels bénéficiaires de l'argent public octroyé. J'ai constaté avec plaisir que celle de Cahors n'a pas résisté à plus de quatre cessions ! (j'avais pourtant proposé un partenariat avec www.salondulivre.net) Il reste bien quelques villages où nous sommes accueillis par des passionnés ou habitués à essayer d'animer leur lieu mais la fréquentation y est si mince que les ventes ne remboursent pas forcément les frais de déplacement. Je demande désormais un défraiement et des ventes sans intermédiaire. Ne soyez donc pas surpris de ne plus me rencontrer !

Arrivé en 1996 dans le Lot, j'ai découvert Figeac le 26 avril 1998. Martin Malvy, député-maire, ancien Ministre du Budget, signait l'édito de cette douzième fête. Mon nom ne figurait pas sur le programme, conformément au document qu'il m'avait fallu retourner, accompagné d'un chèque de 80 francs pour obtenir une demi-table.

Nous, les indépendants, étions à l'écart, face à la vraie fête, celle des Yvette Frontenac, Georges Coulonges, Colette Laussac, Michel Palis, Michel Peyramavre (selon le programme, Michel Peyramaure en réalité), Michel Cosemm, Didier Convard, Serge Ernst, Laurent Lolmède, Didier Savard, Andrée-France Baduel, Laurence Binet, Mohamed Grim, Christian Rudel, Amin Zaoui... L'année suivante, j'ai refusé ce système. Je ne suis donc jamais retourné à ce salon.

Le 5 février 1998, j'ai envoyé de Cahors le document idoine, complété, accompagné du chèque numéro 461996.

12ème fête du livre de Figeac.
25 Avril : 14H30 à 19H
26 Avril : 10h à 12H30
*   14H30 à 18H*

CONDITIONS D'INSCRIPTION DES AUTEURS INDEPENDANTS
- Seuls les auteurs sont acceptés dans la limite des places disponibles, (ni libraires, ni éditeurs).
- Tous les frais inhérents à cette manifestation sont à la charge de l'acteur (transport, restauration, hébergement)
- Toute inscription devra s'accompagner d'un chèque à l'ordre de "Lire à Figeac".
- Une table maximum par auteur :

Lot : une table : 160Frs, une 1/2 table : 80Frs.
Autres départements : une table : 320Frs, une 1/2 table : 160Frs.

- *L'auteur aura à charge d'amener ses ouvrages, un emplacement lui sera réservé.*
- *Le nom de l'auteur n'apparaîtra pas sur le programme.*
- *Le bénéfice de la vente de ses ouvrages lui reviendra en totalité.*
- *L'auteur devra se présenter à la Salle Balène, Quai Bessières, 13H30.*
(l'ouverture au public se fera à 14H30)

Bulletin à remplir et à renvoyer à "LIRE A FIGEAC"
Boulevard Pasteur
46100 FIGEAC

Je reconnais avoir pris connaissance des conditions d'inscription et m'engage à les respecter.

La phrase « *seuls les auteurs sont acceptés dans la limite des places disponibles, (ni libraires, ni éditeurs)* » témoigne disons d'une imprécision dans la considération de cette activité, les auteurs indépendants, se trouvant être éditeurs, juridiquement.

Le 14-4-98 me fut envoyé de Figeac le programme "*Cultures et Droits de l'Homme*", avec un petit mot manuscrit : « *Rendez-vous le samedi 25 Hôtel Balène (Quai Bessières) vers 14 h.*
A bientôt
DL »

Eh oui, on peut se gargariser des "Droits de l'Homme" et pratiquer l'ostracisme, la ghettoïsation, au quotidien.
Il s'agissait de ma première participation à un salon dans cette partie du Lot.
Ma jeunesse me permit quelques dialogues. Certains du genre « il faut guider le nouveau, lui expliquer les arcanes du métier, pour qu'il profite lui aussi de l'argent public, des bons repas, des hébergements... »
Nous entrerons dans la carrière quand nos ainés reposeront au cimetière.
Et quelques aveux : « - T'as payé 80 francs mais ce que je vois,

c'est qu'à la fin de la journée, tu repartiras avec de l'argent. Tandis que moi j'aurais bien mangé, je dormirai à l'hôtel mais je ne toucherai pas un centime des ventes. Bien sûr, il me reviendra 10% (ou 5 suivant l'interlocuteur) de droits d'auteur dans un an (parfois : si d'ici là mon éditeur ne ferme pas boutique). Et de toute manière, je ne saurai jamais combien ils en vendent réellement, nous n'avons aucun moyen de vérifier les chiffres. »

Je résumais dans un carnet : « Ils sont nourris par les subventions mais un libraire s'engraisse avec leurs ventes. »

Le 16 avril 1998 Martin Malvy fut élu président du conseil régional de Midi-Pyrénées. (il fut réélu le 2 avril 2004 puis le 26 mars 2010).

Lors de ce salon, je glanais quelques informations sur la politique du livre de la région. Certains attendaient des changements "maintenant qu'on est socialistes..."

Le programme de la dix-septième édition, la manière dont il m'est parvenu m'échappe (sûrement la bibliothèque de Cahors), "*Ecrits de voyage*" du 12 et 13 avril 2003. Il accordait une demi-page aux "Auteurs indépendants". Seul le nom de Colette Brogniart m'est connu.

B) Librairies

25 000 points de vente en France…

Vous n'aviez jamais réalisé que vous ne voyez pas certains livres chez votre libraire ? Et comme en même temps les médias n'en parlent pas, vous ne le lui reprochez pas ! Des livres invisibles ! D'ailleurs les best-sellers dont télévisions, radios, grands quotidiens et mensuels vous abreuvent de superlatifs, figurent sur les tables, dans les rayons de ces nobles lieux littéraires... La librairie, un "lieu unique", selon l'expression M. Jean-Marc Roberts (de chez Lagardère, maison *Stock*, jusqu'à son décès), qui aurait tant aimé une France où il serait interdit de vendre ailleurs des livres.

Je vous conseille de lire l'enquête iconoclaste et naturellement peu visible, publiée dans la collection *précisions* par Thomas de Terneuve, *Le livre en papier : 25 000 points de vente inaccessibles aux auteurs indépendants. Un système à soutenir ?*, sous-titrée *La librairie en France vue par un écrivain indépendant.*

Les différents observateurs (état, syndicats...) s'accordent sur ce chiffre d'environ 25 000 points de vente physique. Élément crucial pour vendre des livres : qu'ils soient disponibles là où lectrices et lecteurs achètent. Comment être disponible en librairies et grandes surfaces ? Via un secteur peu connu et pourtant central de la chaîne du livre : la distribution.

Pour alimenter 25 000 points de vente, rien que la logistique et les frais de transport nécessitent une mise de départ dont ne dispose naturellement pas l'auteur-éditeur.

Se limiter aux grandes enseignes, qui fonctionnent avec une centrale d'achats, permettrait une percée significative mais ces structures répondent à l'auteur-éditeur de passer par un distributeur référencé... Cercle vicieux où seuls les installés peuvent commercer...

Une note d'analyse officielle gouvernementale, de mars 2012, résumait : « *Alors que dans les autres pays comparables l'éditeur et le distributeur sont deux acteurs bien distincts, les principales maisons d'édition françaises ont développé leur propre circuit de distribution, à l'exemple de la Sodis appartenant à Gallimard ou de Volumen dans le cas du groupe La Martinière. En contrôlant le processus de distribution, les éditeurs français se sont donnés les moyens de dégager des marges plus importantes qu'avec leur seule activité éditoriale.*

L'intégration de la distribution reste aujourd'hui encore l'une des principales sources de la bonne santé économique des éditeurs français (...)

Avec la transmission directe d'un texte depuis une plate-forme de téléchargement vers une tablette ou une liseuse, l'impression et la distribution du livre ne sont plus nécessaires. Or c'est cette dernière étape de la chaîne du livre qui est aujourd'hui la source majeure de rémunération pour l'éditeur. »

On peut simplement s'étonner des exemples : exit les deux premiers distributeurs, ceux des groupes Hachette et Editis, les leaders de l'édition. Mais naturellement, dans une note officielle, la mise en valeur de Gallimard et La Martinière doit sembler préférable. Cinq distributeurs se partagent plus de 90% du marché : Hachette Distribution, Interforum (Editis), Sodis (Gallimard), Volumen (Seuil-La Martinière), Union Distribution (Flammarion). En rachetant Flammarion, Gallimard est devenu un poids lourd de l'édition française, le troisième groupe. Il a aussi acquis un distributeur et le rapprochement Sodis - UD semblerait logique.

Lors d'une grève chez Sodis en janvier 2013 (peur de perdre des "privilèges" chez des employés) je notais avec un sourire l'aveu de Jérôme Ribier, délégué CGT, au sujet d'Union Distribution, « qui réalise peu ou prou le même chiffre d'affaires que nous avec moins de monde et dans des conditions moins avantageuses. » Début 2015, le statu quo semble tenir.

Le pouvoir de négociation des fournisseurs extérieurs, les petits éditeurs, est quasi nul face à ces mastodontes.
Jean-Claude Utard, dans le résumé de son cours sur l'édition française à l'Université Paris Ouest Nanterre La Défense, note : « *Un éditeur petit ou moyen est donc contraint de déléguer ce travail* [distribution et diffusion] *et se retrouve dans une situation où il n'est pas complètement libre de choisir : c'est le distributeur et le diffuseur qui, en fonction des rythmes de parution, des chiffres et du volume des ventes de cet éditeur et de sa complémentarité avec les autres éditeurs de son catalogue, en définitive acceptent de le prendre en compte. Une caution est en général exigée alors par le distributeur et la rémunération du distributeur et du diffuseur consistera en un pourcentage sur les ventes (10 % en moyenne pour la distribution), souvent assorti de la condition d'un chiffre d'affaire minimum (et donc d'une rémunération minimum pour le distributeur et le diffuseur).* »
Une caution et un chiffre d'affaire minimum : ainsi la porte est fermée à l'auteur-éditeur, discrètement, sans nécessité de

préciser « réservé aux éditeurs adhérents du SNE. » **Il suffit d'imposer des contraintes économiques pour exclure, inutile de censurer.**

Avant le numérique, c'était simple : un livre sans distribution est un livre invisible, invisible également pour les médias. Donc il suffit de tenir la distribution pour tenir les écrivains. L'auto-édition ne pouvait vivre que localement, au point que « le roman du terroir » semblait parfois le seul qui puisse barboter dans ces eaux polluées.

les aveux de Christophe Lucquin corroborent le fonctionnement de ce maillon opaque.

C) Les médias

Médias nationaux, régionaux, Internet.

Malheureusement, dans le domaine littéraire (critique littéraire), il n'existe, pour l'instant, aucun réel média Internet, vraiment suivi, influent.
Les vieux médias ont su (merci l'argent public) se décliner en numérique, conserver leur audience, leur prédominance.

La survie d'un écrivain passe par les médias. Un minimum. Si faire la couverture de la presse people n'est qu'une dérive, figurer dans les pages littéraires des quotidiens, hebdomadaires et mensuels reste nécessaire.

Un écrivain indépendant n'intéresse pas les médias nationaux. Naturellement, en cas de besoin, ils permettent à quelques auteurs d'obtenir le quart d'heure warholien de gloire, mais pour cette loterie, mieux vaut vivre à Paris avec un pied dans le journalisme.

Les médias régionaux

Un écrivain doit d'abord utiliser les supports de sa région.
À mes débuts, *La Voix du Nord*, *L'Echo Rural*, *Artois Temps libre*, *l'arrajoie*, couvraient mes publications. Ces textes de jeunesse ne sont pourtant naturellement pas les meilleurs, poésie et nouvelles. Mais je pense qu'il s'agissait pour cette presse d'une logique culturelle. Partout où je me présentais, j'étais correctement reçu.

Même si les articles entrainent peu de ventes, ils permettent une assise locale, se traduisent en invitations dans divers manifestations et autres propositions, occasions d'écouler régulièrement des livres.
Je vivais dans le nord de la France et j'ai "pris ma retraite dans le sud", à moins de 30 ans.

Je vis depuis 1996 dans cette drôle de partie du pays où *la Dépêche du Midi* est dirigée par Jean-Michel Baylet, le patron du Parti Radical de Gauche, allié du PS. Ce qui ne semble pas poser de problème démocratique, officiellement. Pourtant, l'exemple du Tarn-et-Garonne, où M. Baylet préside le Conseil Général, en est un exemple probant : les candidats du PRG, soutenus encensés par les journalistes de la *Dépêche du Midi*, affrontent de plus en plus souvent des candidats du Front National au second tour des scrutins législatifs ou cantonaux, la droite départementale y semble la plus incapable du pays, comme le maire de Caussade longtemps unique opposant acharné au sein du Conseil Général, régulièrement étrillé par des articles naturellement libres de journalistes naturellement indépendants, du grand quotidien régional naturellement apolitique. Non, cette précision est inexacte ? (je peux la modifier, il vous suffit de me l'indiquer, monsieur l'incontournable de la région... incontournable... monsieur l'éjectable... François Bonhomme ayant réussi à lui subtiliser son siège de sénateur, espérons que les électeurs du Tarn-et-Garonne ont compris qu'il leur suffit de ne plus voter pour lui pour qu'il perde son pouvoir...)

En 1998, en même temps que le roman "*liberté, j'ignorais tant de Toi*", je présentais "*Entre Cahors et Astaffort*", un texte qui aurait pu devenir la chanson d'opposition à la ligne à Très Haute Tension qui devait amener à Cahors l'électricité produite par la centrale nucléaire de Golfech.

Entre Cahors et Astaffort

Entre Cahors et Astaffort
Y'a des rêveurs qui rêvent encore
Ils jouent des mots, des métaphores
Et chantonnent la vie sans effort

Mais entr'Cahors et Astaffort
Sur la Garonne, y'a Golfech
Au bout des cannes à pêche
De l'uranium, leur uranium

Si tout l'monde ici s'endort
Bientôt de Golfech à Cahors
Sur de grands pylônes piailleront
Les gros fils d'affront à région

Entre Cahors et Astaffort
Y'a des rêveurs qui rêvent encore
Sur la Garonne y'a Golfech
Faut ranger les cannes à pêche

De grands patrons plastronnent
Vive l'industrie Vive l'industrie
Et tant pis pour les p'tits mômes
Sur le tracé du Dieu progrès

Entre Cahors et Astaffort
Ils agissent les utopistes
Pour qu'il sonne le droit des Hommes
Aux oreilles des affairistes

Entre Cahors et Astaffort
Les révoltés rêvent encore
Que jamais leurs volts ne nous survolent
Qu'le Quercy n'passe pas à la casserole

J'ai rapidement compris que contrairement à la *Voix du Nord* qui présenta mes premières publications, dans le Lot *la Dépêche du Midi* ne serait pas pour moi ! Je me suis pourtant rendu dans leurs locaux, boulevard Gambetta, à Cahors, j'y fus reçu par un journaliste, qui prit même quelques photos du jeune romancier mais jamais l'article ne fut publié (j'ai pris le temps de consulter trois mois d'édition de ce quotidien à la Bibliothèque Municipale de Cahors).

Naturellement, je me suis interrogé. Est-ce une conséquence du texte « *entre Cahors et Astaffort* » ? Il ne fut jamais présenté dans cette *Dépêche*.

Jean-Michel Baylet était-il favorable à cette ligne ? Le 18 octobre 1999, sous sa présidence, le Conseil Général du Tarn-et-Garonne s'est déclaré en opposition au projet de THT. Mais c'est peut-être plus complexe que cela ! Le *Petit Journal*, un quotidien de Montauban qui réussit à tenir dans l'ombre de cette *Dépêche* notait ainsi, à l'occasion des résultats des élections cantonales de mars 2004 « *Jean-Michel Baylet, actuel président du Conseil Général et patron du seul quotidien régional, vient d'être réélu sans surprise. Le dernier des « Baylet » perpétue ainsi plus d'un siècle de gouvernance sur le Tarn-et-Garonne après son père et sa mère. Malgré un bilan moribond la force de son journal et l'argent de Golfech le maintiennent au pouvoir pour quelques années.* » Bref, il faudrait au moins que l'un des journalistes de la *Dépêche*, qui consacra tant de temps à l'affaire Dominique Baudis, soit prié d'enquêter sur le sujet pour nous délivrer une information impartiale et juste. Mais en tout cas, leur site témoigne qu'ils ne m'ont jamais consacré le moindre article. J'ai néanmoins trouvé une référence à l'une de mes pièces de théâtre, jouée au centre culturel de Foulayronnes : "« *La Fille aux 200 doudous* » *(anonyme).*"

Non, *la Fille aux 200 doudous* n'est pas le texte d'un auteur anonyme, il suffit d'ailleurs de saisir le titre chez notre ami Google pour obtenir le nom du dramaturge...

Le Lot est considéré comme une terre de clans. *Dire Lot*, mensuel lotois, alors dirigé par Pascal Serre, dénonçait, en février 2004, dans un éditorial titré « *les clans ont la vie dure* », « *le fameux clientélisme dont, à l'époque, personne ne s'est plaint et, sur lequel, aujourd'hui se vautrent toutes les excuses des retards constatés.* » Gérard Miquel était annoncé successeur probable de Jean Milhau, une manière de tourner la page Parti Radical de Gauche, dont les origines sont détaillées plus loin : 1958-1967, avec « *l'implantation de Maurice Faure* » : « *ce que l'on a nommé le faurisme, établi sur les faiblesses géographiques et démographiques du Lot, constitué par un clientélisme qui faisait dire que 'tous ont mangé dans la main du César républicain.'* » Je ne suis d'aucun clan, d'aucune coterie, je suis un solitaire. Je préfère quelques liens forts, vrais, aux multiples relations mondaines ou sociales.
Les honneurs de la République furent rendus à ce Maurice Faure, avec descente à Cahors du Président Hollande. L'éloge funèbre fut prononcé par le Baylet. Clientélisme était son nom, à la cinquième République.

Pourquoi rester écrivain indépendant ?

Ce statut existe, je l'ai choisi en 1991. Alors qu'enfin il semble possible de renverser la citadelle du papier contrôlé, ce serait dommage d'abdiquer !

Les professions libérales semblent respectées et respectables, en France. Alors, pourquoi celle-là serait une tare ?

Pour des raisons morales je ne souhaite pas associer mes écrits à des hommes comme Lagardère ou Gallimard. Les autres grands groupes ne me semblent pas plus fréquentables : leur monde n'est pas le mien !

Quant aux "petits éditeurs", ils sont contraints de passer par les distributeurs des mastodontes s'ils souhaitent une réelle visibilité, ils se plient donc à leur vision du monde.

L'écriture, c'est la pensée, c'est donc éminemment politique ! D'ailleurs politiques et éditeurs traditionnels ont depuis longtemps fraternisé et les éditeurs n'hésitent pas à publier les livres d'élus même quand le potentiel de vente ne dépasse pas les mille exemplaires !

(des chiffres circulent parfois : Chantal Jouano, « *Sans tabou* », chez de La Martiniere en 2010, 205 exemplaires vendus ; Christine Boutin, « *Je ne suis pas celle que vous croyez* », Editions Générales First, 2006, 58 exemplaires vendus ; Valérie Pécresse, « *Et si on parlait de vous ?* », L'Archipel en 2010, 292 exemplaires vendus ; Dominique Paillé, « *Les habits neufs des faux centristes : Arnaque ou imposture ?* », Le Cherche Midi, 2009, 108 exemplaires vendus ; chiffres invérifiables)

Mon choix d'indépendance ? le titre d'une chanson de Jacques Brel peut le résumer : "*Vivre debout.*"

Le livre numérique étant notre chance, il est combattu par éditeurs, libraires et l'état...

Quand des regards réellement indépendants se pencheront sur notre époque de transition, ils devraient remarquer l'évidence : alors que les écrivains vivaient dans de grandes difficultés financières (naturellement le système offre quelques figures de proue grâce auxquelles chacun peut rêver), la voie alternative leur permettant d'obtenir des droits d'auteur décents fut combattue. Tous contre Amazon coupable de faire miroiter des revenus à 70% du prix HT de vente des ebooks ! Plutôt que de conseiller aux éditeurs de suivre cet exemple (techniquement possible, il existe d'ailleurs déjà une librairie Gallimard également numérique, où figurent mes ebooks !) les ministres de la Culture, gouvernements et parlementaires se sont évertués à essayer de maintenir les privilèges d'une classe en leur accordant lois et avantages pour conserver les auteurs sous leur coupe.

Les auteurs sont indispensables aux éditeurs, l'inverse, tu rigoles ! L'éditeur s'était rendu indispensable en réalisant les opérations techniques fastidieuses, bien avant que les imprimeurs travaillent avec des documents PDF. Dès cette époque, ils ont compris leur intérêt de cadenasser le circuit commercial. Ainsi, bien que l'éditeur ne soit plus fondamentalement utile, il conserve ses positions par sa maîtrise du business. Oui, en 2015, l'utilité de l'éditeur reste purement commerciale, le prétendu apport culturel (création éditoriale !) n'est qu'enrobage pour les politiques, que peuvent naturellement resservir les Martin de tous bords.

"L'éditeur traditionnel indispensable à l'auteur", est pourtant défendu par la profession, avec le grand soutien d'Aurélie F. et sa célèbre formule « *c'est l'éditeur qui fait la littérature.* » (voir « *Ecrivains, réveillez-vous !* »)
Le libraire traditionnel est également prétendu indispensable. Exemple avec Aurélie F., en février 2013, en marge du Festival International de la Bande Dessinée d'Angoulême : « *Moi, ce que*

je souhaite faire, c'est établir un ensemble de mesures de soutien notamment pour les libraires. Je pense qu'il n'y a pas de bande dessinée, d'auteurs de bande dessinée, s'il n'y a pas de libraires pour faire aimer et découvrir la richesse de la bande dessinée au lecteur. J'annoncerai bientôt, fin mars au Salon du Livre, un programme pour la librairie qui ne concernera évidemment pas que la BD mais tous les libraires et qui constitue le meilleur moyen de soutenir l'univers de la bande dessinée. »

On pourrait avec ce genre de raisonnement prétendre qu'il n'y aurait pas de lait sans les grandes surfaces pour le proposer aux clients. Edouard Leclerc aussi utile aux vaches que Lagardère aux écrivains !

Quelque chose me semble malsain d'exposer de braves petits libraires sympathiques, passionnés de littérature, quand ce sont les mastodontes qui encaissent la plus grande part des bénéfices. La pratique me rappelle le pauvre mineur silicosé exhibé sur une tribune par un Parti Communiste proclamant qu'il s'agit de son millionième adhérant.

Tout simplement : il n'y a pas de place dans ce pays, tel qu'il est dirigé, pour l'indépendance ! Mais à force de tout vouloir contrôler, notre balance économique reste vertigineusement déficitaire ! La sclérose guette tout grand groupe, quand il pense plus à maintenir ses parts de marchés en bloquant le système plutôt qu'en innovant. En suivant les souhaits des installés, c'est bien l'avenir que compromettent nos politiques. Dans l'édition comme ailleurs, pour innover, il faut quitter la France ?

Gérez les communes comme des entreprises...

36 681 communes en France. 31 000 à moins de 2 000 habitants. Dont 3 500 même à moins de 100. J'ai grandi dans un village, je connaissais tout le monde. Nous étions moins de 80. Des trous perdus, faut que ça cesse ! Elles sont là, les grandes économies ! Regroupez pour économiser... Euréka, François a trouvé ! Ou "l'art" de recycler de vieilles idées... (la loi Joxe de 1992)

Vous avez mené une brillante carrière au sein d'un groupe ayant su s'adapter au monde moderne, vous avez géré des rapprochements, fusions, OPA... Vous avez pris votre retraite dans une belle propriété à la campagne ? En plus de votre réussite, montrez votre talent aux pecnots !... Devenez maire et lancez la modernisation locale... Fusionnez votre commune, nous vous apporterons des arguments et adapterons même la loi pour faciliter ces initiatives. N'ayez rien à craindre des réfractaires : il vous suffit de vous entourer de conseillers municipaux dociles et le tour sera joué...

La politique de regroupement des populations dans de grands ensembles a échoué, pourtant la cible reste les villages : ils doivent disparaître, devenir des quartiers rattachés aux grandes villes.

Ils vont inciter les villages à se regrouper, peut-être pas en exigeant la nécessité d'atteindre 500 habitants pour obtenir des dotations d'état décentes... Vous pouvez rester entre paysans mais vous n'aurez même plus les moyens de payer votre secrétaire de mairie !

Un village, c'est un territoire où tout le monde se connait, se côtoie plus ou moins ?... Inutile !
Un village va devenir une zone où certains devront faire plus de dix kilomètres pour se rendre à la mairie. Naturellement sans service de transport public et sur des routes en décomposition avancée. Mais à qui se plaindre alors ? La DDE !

Il existera des collaborateurs de cette "modernité" : les gentils maires qui se regrouperont, parfois même en s'affublant de l'auréole visionnaires ! Quand on se rend compte que le vent de l'histoire souffle contre soi, faut-il se retourner ? Ou avancer contre vents et subventions défavorables ?

Mais pourquoi les villages devraient disparaître ? Pourquoi ? Parce que ! Parce qu'ils ne sont pas rentables !

Des immenses économies peuvent faire saliver : assurances, achats groupés, fournitures scolaires... et employés municipaux... Le seul problème c'est que les uniques économies réelles probables peuvent être réalisées sans regroupement... Quant aux inconvénients, la disparition de la proximité pour 90% des habitants d'avec leur mairie... Ils s'en foutent, ils vivent en villes, ceux qui souhaitent nous imposer ce modèle.

Mais enfin, vous comprenez, inutile de vous l'avouer : ainsi l'ensemble de la classe politique sera professionnelle. Des élus membres des partis politiques, comme ce serait merveilleux... Fini le bénévolat des conseillers municipaux... Et les élus pourront s'augmenter en prétendant faire des économies...
Naturellement, des sondages ne manqueront pas de prétendre que 60 ou 70 ou même 80% des françaises et des français sont favorables au regroupement des communes. La manipulation des foules est facile dans ce domaine...
Si "tout se passe bien", naturellement sans obligation officielle, les vilains irréductibles seront vilipendés et leur village privé de subventions. Quant aux premiers qui se regrouperont : des médailles récompenseront les "visionnaires"...

Le 9 octobre 2014, le Gouvernement engagea une procédure accélérée : « Proposition de loi relative à l'amélioration du régime de la commune nouvelle, pour des communes fortes et vivantes. » Y'avait urgence, c'est la crise : on tient les coupables, les bouseux !
Il faut que ça aille vite ! Le texte n° 471 fut adopté par l'Assemblée nationale le 11 février 2015. On peut par exemple y lire : « *Au cours des trois premières années suivant leur*

création, les communes nouvelles créées au plus tard le 1er janvier 2016 et regroupant une population comprise entre 1 000 et 10 000 habitants bénéficient, en outre, d'une majoration de 5 % de leur dotation forfaitaire calculée dès la première année dans les conditions prévues aux I et II du présent article. »

Regroupez-vous rapidement ! Et de préférence, regroupez toute une communauté de communes : « *Au cours des trois premières années suivant leur création, les communes nouvelles créées au plus tard le 1er janvier 2016 et regroupant toutes les communes membres d'un ou de plusieurs établissements publics de coopération intercommunale à fiscalité propre perçoivent une dotation de consolidation au moins égale à la somme des montants de la dotation d'intercommunalité perçus par le ou les établissements publics de coopération intercommunale l'année précédant la création de la commune nouvelle. »*
http://www.assemblee-nationale.fr/14/ta/ta0471.asp

Dans une bonne logique économique moderne, ne pourrait-on pas directement vendre les "petites communes sans intérêt" au Qatar ou à la Chine ?

Les "grandes responsabilités" y ont été "déléguées"... ainsi à la mairie on répond "ce n'est pas nous mais la communauté"... les petites communes n'y ont qu'un représentant... normalement... et les citoyens restent le plus souvent sans informations sur les décisions et même le mode de fonctionnement...

Heureusement, à Montcuq, la liste conduite par Charles Farreny fut vaincue... sinon il est peut probable qu'elle eut fourni un "Compte-rendu non officiel" des réunions municipales et communautaires...

Il existait la communauté de communes de Montcuq (16 communes) et la communauté de communes de Castelnau-Montratier (7 communes). De taille humaine à peu près équivalente. Depuis le 1er janvier 2014, elles ont fusionné. 23 communes. Environ 7800 habitants.

Ainsi est née la communauté de communes du Quercy Blanc avec « *pour ambition de développer des projets et d'améliorer les services proposés aux citoyens* », d'abord présidée par Jean-Claude BESSOU, Conseiller Général du Canton de Castelnau-Montratier... avant les municipales...

http://vivreensembleamontcuq.com : Réunion du conseil communautaire n° 1 du 16 avril 2014 à Cézac. Publié le 16 avril 2014 : « *Un seul candidat pour la présidence : Jean-Claude Bessou, conseiller municipal de L'Hospitalet, vice président du Conseil Général.*
Il s'agit d'un vote à bulletin secret où tous les votants sont appelés tour à tour à passer dans l'isoloir avant de glisser son bulletin dans l'urne. 41 pour, 3 blancs.

M.Bessou propose les vices présidents... »
Résultat :
- Jean-Claude Bessou, président (élu de Lhospitalet)
- Bernard Vignals, premier vice-président (maire de Lascabanes)
- Jacques Rols, deuxième vice-président (premier adjoint à Castelnau)

- Christian Bessières, troisième vice-président (maire de Saint-Matré)
- Maurice Roussillon, quatrième vice-président (maire de Cézac)
- Marie-José Sabel, cinquième vice-président (maire de Sainte-Croix
- Jean-Pierre Alméras, sixième vice-président (maire de Lhospitalet)
- Didier Boutard, septième vice-président (maire de Saint-Laurent-Lolmie)
Le chroniqueur précise : « *Garde, maire de Castelnau-Montratier, trouve important que les maires des deux chefs-lieux de canton ne soient qu'au bureau parce qu'ils ont déjà beaucoup de boulot.* »

Même pas à classer au rayon "humour"... Pour rappel Jean-Claude Bessou est également Vice-président du Conseil Général, ce qui semblerait donc être une fonction moins prenante que maire des 1885 habitants de Castelnau... Quant à Jean-Marc Vayssouze-Faure, maire de Cahors, il parvient à présider le Grand-Cahors, et Martin Malvy dirige le Conseil Régional et du Grand-Figeac... ce qui ne constitue même pas, officiellement, un conflit d'intérêts... oh mais oh là là, on a beaucoup de boulot à Castelnau...

Passons aux « *Indemnités du président : max 41,25 % de l'indice brut mensuel 1015, choisi 32%.*" Avec un "*Vote à l'unanimité à main levée.* »
Puis « *des vice-présidents : max 16,5 choix 12%.* » Eh là, grand moment de démocratie locale : « *Bernard Resseguier, maire de Sainte Alauzie, se lève et dénonce une inflation des indemnités de 10 000 € par rapport à la somme des indemnités des 2 anciennes communautés de communes avant leur fusion. Il est temps d'arrêter la course aux indemnités, propose au moins de ne pas donner pareil à tous les vice-présidents.*
Un autre élu a dit qu'effectivement on pourrait moduler les indemnités
Bessou répond qu'il comptera bcp sur les vice-présidents. Il

explique que les communautés de communes n'ont pas demandé aux comcom de grossir ni de fusionner. Il maintient cette proposition.
6 abstentions à main levée. »

Aucune réaction connue sur ma chanson :

Savez-vous piquer des sous ?

Savez-vous piquer des sous
À la mode
À la mode
Savez-vous piquez des sous
À la mode de Bessou

On les pique à Castelnau
Les gogos, les gogos oh
On les pique à Castelnau
Les gogos sont comme des veaux

Savez-vous piquer des sous
À la mode
À la mode
Savez-vous piquez des sous
À la mode de Bessou
On les pique jusqu'à Montcuq
Les gogos, les gogos oh
On les pique jusqu'à Montcuq
On t'entube jusqu'à la nuque

Savez-vous piquer des sous
À la mode
À la mode
Savez-vous piquez des sous
À la mode de Bessou

On les pique discrètement
30%, 30%
On les pique en s'augmentant
Président 7 vice-présidents

Savez-vous piquer des sous
À la mode
À la mode
Savez-vous piquez des sous
À la mode de Bessou

On les pique en souriant
Homme charmant, homme charmant
On les pique délicat'ment
En homme de bonne gauche forcément

Plus 10 000 euros, annuel, bagatelle ? Quand deux communautés fusionnent, naturellement, il s'agit d'apporter un meilleur service à moindre coût aux populations ?

Les indemnités annuelles cumulées des élus des anciennes communautés de communes atteignaient 42 000 euros, environ.
Pour le Jean-Claude Bessou BAND : 52916,46 euros.
Soit : +30% !

En première mesure censée marquer les esprits, le président normal FH2012 décréta une baisse du salaire des ministres de... 30%... C'est presque drôle...

Le service aux populations (non membres du PRG) on peut l'imaginer mais pour le coût, c'est déjà un fait... Naturellement, ces indemnités se cumulent aux autres ailleurs acquises...

Après cette élection, l'hebdomadaire *La Vie Quercynoise* a interrogé le nouveau président... Je passe rapidement sur ses objectifs en souriant du « *Nous avons la chance d'avoir une Communauté de Communes à taille humaine, favorisant un fonctionnement démocratique.* » L'oligarchie sait utiliser la démocratie... Pour observer les deux dernières répliques...
« - Comprenez-vous la décision de Gérard Miquel de quitter la présidence du Conseil Général ? Que souhaitez-vous à son successeur Serge Rigal ?
- Il s'agit d'une décision personnelle. Je souhaite à Gérard

Miquel du succès, dans ses nouvelles fonctions de maire de St-Cirq-Lapopie, le « village préféré des Français ». Je le remercie, pour ce qu'il a apporté au Département.

Quant à son successeur Serge Rigal, je lui souhaite de réussir, dans sa nouvelle mission. Je ne doute pas de ses capacités, ni de son dévouement entier au service de notre collectivité.

- Serez-vous candidat à votre réélection, lors des élections départementales de mars 2015 ?
- La réforme territoriale, ayant entraîné la refonte des cantons, m'a mis dans une situation inconfortable, vis-à-vis de mes administrés. Ainsi, je n'ai pas pris de décision, quant à une éventuelle candidature. »

http://www.laviequercynoise.fr/communaute-de-communes-du-quercy-blanc-jean-claude-bessou-un-president-a-la-manoeuvre-86322.html

Naturellement, la vacuité de la réponse sur Gérard Miquel pourrait servir à cerner l'homme... mais elle m'apparaît mettre en évidence, avec la conclusion, la situation de ces notables sans assise populaire mais qui parviennent à se caser ailleurs quand vraiment ils sentent le vent trop mauvais... Miquel à St-Cirq-Lapopie et au Grand-Cahors, Bessou dans cette communauté... et à 70 ans ils pourront se balader avec la satisfaction d'une carrière bien remplie, et même des médailles au cou... et des casseroles aux...

Le Bessou est finalement candidat aux départementales 2015 !

La grande opacité des communautés de communes...

Dans les communautés de communes, seul le maire représente les plus petites... sauf exception... Car même si elle est souple, il existe une loi sur le non-cumul des mandats, spécifiant *"Le chef d'un exécutif local (président de conseil régional, président de l'assemblée de Corse, président de conseil général, maire, maire d'arrondissement) ne peut pas exercer un autre mandat de chef d'exécutif local."*

Ainsi, un maire, même de Montjoi, 180 habitants, ne peut pas être président du Conseil Général du Tarn-et-Garonne. Et la loi stipule "Communes de moins de 1 000 habitants : pas de liste spécifique

Dans les communes de moins de 1 000 habitants, les citoyens éliront leurs conseillers municipaux et leurs conseillers communautaires à l'aide d'un bulletin de vote ne mentionnant que la liste des candidats aux élections municipales. Les conseillers communautaires seront désignés parmi les membres du nouveau conseil municipal élu, suivant l'ordre du tableau (maire, adjoints puis conseillers municipaux) et dans la limite du nombre de sièges attribués à la commune au sein du conseil communautaire."

S'il n'y a qu'un élu au Conseil Communautaire, c'est forcément le maire... Donc il faut qu'il y en ait deux à Montjoi afin que le président du Conseil Général puisse présider la communauté de communes des *deux rives !*

Et il en est ainsi ! 52 délégués... et même une explication dans sa Dépêche : « *Vingt-deux communes ont deux délégués et quatre seulement ont un délégué, car il a fallu s'adapter, à la marge, à la dernière réforme territoriale, expliqua aux nouveaux délégués entrants Jean-Michel Baylet. Je rappelle que, si l'on avait suivi les directives, Valence-d'Agen aurait eu douze délégués... »*

http://www.ladepeche.fr/article/2014/04/19/1866185-la-cc2r-a-deja-fait-sa-rentree.html

Quatre communes ont moins d'habitants que Montjoi dans cette communauté : Le Pin à 123, Perville à 123, Grayssas 128, Saint-Cirice 166. Donc un représentant, le maire.

Ensuite, de Montjoi, 180 habitants, à Lamagistère 1 132 habitants : 2 représentants ! Le maire et le premier adjoint.

Sont ainsi également soumis : Saint-Antoine 205, Sistels 207, Merles 227, Saint-Vincent-Lespinasse 227, Saint-Michel 241, Bardigues 266, Saint-Clair 274, Mansonville 276, Clermont-Soubiran 365, Espalais 409, Gasques 431, Saint-Loup 497, Castelsagrat 551, Pommevic 592, Saint-Paul-d'Espis 606, Goudourville 908, Golfech 943, Auvillar 954, Donzac 1 020, Malause 1 085.

S'agissait-il d'embrouiller ses lecteurs ? Simple coquille ?
Dunes, 1 196 habitants, n'a également que 2 représentants.
Valence, 5 143 habitants, n'a également que 2 représentants !
http://elections.interieur.gouv.fr/MN2014/082/082186.html

Deux contre douze « *si l'on avait suivi les directives.* » Faut-il applaudir ou s'indigner ?
Ainsi, de Montjoi, 180 habitants à Valence 5 143 habitants : 2 représentants ! Les uns représentent 90 habitants, les autres 2571...

28 communes : 4*1 + 24 * 2 = 52 représentants. Et personne ne s'indigne... Les recommandations ne sont pas des obligations... Les installés peuvent donc "truquer" l'assemblée suivante...

"Naturellement", le Président, Jean-Michel Baylet est aidé de nombreux "adjoints"... dont la rémunération n'est pas notée...
1er vice-président, Alexis Calafat (maire de Golfech);
2e vice-président, Jean-Paul Terrenne (maire de Donzac);
3e vice-président, Jacques Bousquet (maire de Valence-d'Agen);
4e vice-président, Christian Astruc (maire de Dunes);
5e vice-président, Gilbert Abarnou (maire de Bardigues);
6e vice-président, Jean-Paul Delachoux (maire de Pommevic);
7e vice-président, Christian Sazy (maire de Gasques);
8e vice-président, Eric Delfariel (maire de Perville);
9e vice-président, Olivier Renaud (maire d'Auvillar);
10e vice-président, Marcel Molle (maire d'Espalais);
11e vice-présidente, Francine Fillatre (maire de Castelsagrat);

12e vice-président, Marcel Bardols (maire de Saint-Vincent-Lespinasse);
13e vice-président, Philippe Longo (maire de Lamagistère);
14e vice-président, Robert Baffalio (maire de Saint-Loup); 15e vice-présidente, Marie-Bernard Maerten (maire de Malause).

Presque tout le monde est servi !

Naturellement sa Dépêche sait présenter cela comme une bonne chose... Le dégoût...

L'édition confisquée par quelques grands groupes, des familles remarquées dans les grandes fortunes de France

La France, pays des libertés ? À condition qu'elles soient contrôlées par des gens autorisés ! Le vent de libéralisme anglo-saxon n'a nullement balayé le « vieux capitalisme français » des relations (qui s'exprima si bien lors des privatisations balladuriennes de 1986), il a même permis aux installés de faire peser sur les plus faibles le couperet de la mondialisation tout en conservant une opacité et des mœurs claniques, grâce surtout à la bienveillance de l'Etat "régulateur", subventionneur ou complice serait sûrement préférable.

Les grandes fortunes de France dans l'édition

« Je déteste que l'écrivain soit frustré d'une grosse partie de son travail et du fruit de son travail par des gens qui gagnent beaucoup plus que lui-même. Vous connaissez beaucoup d'éditeurs qui ont des châteaux, des hôtels particuliers etc ; voulez-vous compter sur les doigts le nombre d'écrivains qui en ont ? »

Cette réflexion, très peu connue, de Georges Simenon, je l'ai présentée pour la première fois en 1998 dans la postface *« auteur et éditeur »* du roman *Liberté, j'ignorais tant de Toi*, dont je vous livre l'extrait. Vous pourrez ainsi constater l'ancienneté de ma position :

« Être son propre éditeur et en vivre, relève, prétendent des vedettes, de l'utopie mais le rêve, n'est-il pas un élément fondamental ? L'innovateur n'est-il pas un rêveur ?

Vivre de sa plume est une légitime exigence de l'auteur, alors pourquoi les écrivains médiatiques continuent une activité annexe ? À cause de droits d'auteur insuffisants, des ventes aléatoires, plus proportionnelles à la publicité, au parfum de scandale, à la polémique, qu'à la qualité.

J'approuve Simenon quand la notoriété lui permettait de déclarer impunément : "Je déteste que l'écrivain soit frustré

d'une grosse partie de son travail et du fruit de son travail par des gens qui gagnent beaucoup plus que lui-même. Vous connaissez beaucoup d'éditeurs qui ont des châteaux, des hôtels particuliers etc ; voulez-vous compter sur les doigts le nombre d'écrivains qui en ont ?" *Il critiquait le système de l'intérieur, tout en pouvant en profiter au maximum. Aujourd'hui la peur d'être éjecté retient les installés. Ils gémissent, maudissent mais sourient devant les caméras.*

Quand un éditeur fait faillite, la profession se lamente ; quand un auteur est obligé d'avoir une activité annexe, elle trouve cela normal. J'ose : l'auteur n'a pas à faire vivre un éditeur.

Fondamentalement rien n'a changé depuis Stendhal : "l'homme d'esprit doit s'appliquer à acquérir ce qui lui est strictement nécessaire pour ne dépendre de personne." Mais aujourd'hui Balzac ne se ruinerait plus en voulant devenir son propre éditeur, il pourrait vivre de sa plume sans grand éditeur mondain parisien. »

En 2015, malgré la prétendue bicentenaire révolutionnaire abolition des privilèges, faut-il faire allégeance aux grandes fortunes de France quand on est écrivain ?

Selon challenges.fr, Antoine Gallimard (et sa famille) serait la 224ème fortune de France avec 160 millions d'euros en 2012.
Il est "naturellement" devancé par Arnaud Lagardère (et sa famille) au 170ème rang avec 345 millions d'euros.
Lagardère Arnaud ? On ne martèle pas (et il sait rester discret, simplement envoyer des satisfecit à Nourry Arnaud chargé de faire remonter du cash) qu'il est le véritable patron chez Grasset, Stock, Fayard et compagnie, le groupe Hachette Livre.
Francis Esménard (et sa famille) 296ème avec 115 millions d'euros, fondateur et patron d'Albin Michel (il en contrôle toujours les trois quarts).
Dans "la famille" d'Antoine Gallimard au sens de challenges.fr, ne figure pas "Isabelle et Robert Gallimard et Muriel Toso", *conglomérat* classé au 321ème rang des fortunes de France avec 100 millions d'euros tout rond. Le site du mensuel note « *Ces*

familles, actionnaires historiques et proches d'Antoine Gallimard, conservent 38 % de l'éditeur (CA : 253 millions). »
Hervé de La Martinière, 472ème (encore 60 M€), président-fondateur (il en conserve 29 %) de La Martinière, qui a racheté le Seuil en 2004.
Jacques Glénat (et sa famille) 472ème fortune de France également. Il m'est inconnu mais il s'agit d'un grenoblois, à la tête de *Glénat Edition*, sûrement un pilier dans la BD (Chiffre d'Affaire 80 millions en 2012 avec 673 nouveautés)

Tous devancés par Pierre Fabre, au 54eme rang des fortunes françaises avec 800 millions d'euros, en 2012... et mort en 2013 avec 1 200 M € ! Plus 50% ! Vive les subventions aux groupes en difficultés ! Pour le mastodonte pharmaceutique de Pierre Fabre, l'édition ne semble avoir été qu'un lobbying efficace, avec des "publications de vanité" pour les grands hommes, de François Hollande à Martin Malvy.

Que des subventions servent à enrichir toujours plus ces gens me semble plus scandaleux que le départ de Gérard Depardieu.
Que des écrivains tenus en laisse par ce système le défendent apparaît pitoyable ou / et significatif du niveau de manipulation dans lequel baigne notre activité.

Le pouvoir des puissants lobbies... Le consensus oligarchique

Certes, l'alternance paisible représente une grande victoire de la démocratie, une sécurité de paix sociale mais quand l'opposition ne porte plus aucun espoir, quand une oligarchie s'est installée dans l'ensemble des partis fondamentalement prétendus républicains, le vote extrémiste se banalise, monte régulièrement. Quand on se sent trahi, on peut, par dégoût, se tromper de colère.

Les femmes et les hommes politiques de ce pays m'indiffèrent de plus en plus mais leurs décisions influent tellement sur ma vie qu'il me faut bien, parfois, m'intéresser à leur modeste personne pour décoder leurs actions enrobées de sophismes.
Victime impuissante de l'eau imbuvable (eau de pluie, eau des ruisseaux...), de l'air vicié, des ondes qui nous inondent... mais il s'agit ici plus prosaïquement d'activité professionnelle. En achetant mes premiers sites Internet en l'an 2000 je fus des précurseurs de notre pays. J'aurais naturellement plongé avant si j'avais pu accéder à ce réseau. Car dès les premiers surfs, ce fut mon intention : ne pas être consommateur mais acteur de cet espace. Ensuite, s'égrenèrent des années de combats pour une connexion stable (ah ces mois où après 7 heures du matin, elle "tombait ") puis les vaines demandes pour un débit décent.
Je raconte dans « *viré, viré, même viré du Rmi* », la manière dont les services de monsieur Gérard Miquel, un éminent (également sénateur) membre du PS ont balayé mon projet d'un laconique refus.
Quant au changement Chirac – Sarkozy puis Sarkozy – Hollande, seuls les amis de ces clans ont peut-être ressenti une différence dans le domaine de l'édition. Un peu plus ou un peu moins de subventions mais entre oligarques la couleur politique se dépasse : peu importe le clan pourvu que vous partagiez les valeurs claniques. Il faut bien traiter les amis de ses adversaires politiques afin que nos propres amis soient bien nourris quand

viendra l'alternance. C'est devenu cela, la démocratie ! Une alternance consensuelle.

La politique et les méthodes de cette gauche, dans le domaine culturel, ressemblent tellement à celles de la droite qu'il semble qu'elles s'inscrivent non dans un consensus démocratique mais dans un consensus oligarchique.

C'est cette oligarchie au pouvoir que je récuse, refuse. Certes, j'ai l'âge où je pourrais en faire partie ! Né sans relation, en deux décennies on doit en acquérir ! Elle sert à cela, la jeunesse !

Je conserve une haute estime de la littérature et tout auteur qui la met en dessous des politiques la salit. Je ne suis pas un homme de clans, ni de coteries ni de copinages. Même si l'expression fut portée à la poésie par Brassens, elle reste une connerie : « *les copains d'abord.* ». Jean-Louis Foulquier, en la reprenant pour une émission sur *France-Inter,* témoigna, sûrement bien involontairement, de l'état du monde de la chanson. L'univers littéraire ne vaut guère mieux. Comme j'essaye, malgré tout, de continuer à proposer mes textes aux interprètes « en marge », de produire des albums qui finiront peut-être collectors, je continue à publier…

Qui récoltera en 2015 ?

Ils ont semé le mépris des étrangers... à leur classe. La lutte des classes est prétendue terminée par ceux qui l'ont gagnée !

« *Cahors, municipales 2014 : un enjeu départemental majeur* », publié en mars 2014 fut "naturellement" ignoré par les médias.
J'y écrivais : « Si les citoyens opposés au système PRG-S ne prennent pas rapidement conscience de l'urgence d'une union républicaine, le FN représentera rapidement, ici également, la principale force d'opposition, d'alternance. » Cette phase fut un peu plus visible mais elle ne suscita que mépris pour l'analyste de pacotille : le FN n'existe pas et n'existera jamais dans le Lot, un département ancré à gauche... les gens se souviennent de 39-45...
Mais même sur ce point, la mémoire apparaît douteuse... René Bousquet, le "haut fonctionnaire français collaborateur", et la "Dépêche du Midi", c'est oublié ? Relativisé ? Il fut un insignifiant membre du conseil d'administration de 1960 à 1971, l'ancien chef de la police de Vichy ?
Aux européennes, Le Front National est devenu le premier parti dans le Lot également... Ce qui n'a pas remis en cause, visiblement, les certitudes des installés... Ils peuvent même espérer un triomphe aux départementales sous l'étendard "du Front Républicain face à la menace du FN"...

C.R.L. Midi-Pyrénées

En juin 2002, dans *Le Webzine Gratuit* (http://www.lewebzinegratuit.com l'une de mes créations dans le but de devenir un média faute d'accès aux plus connus, mensuel délaissé, surtout faute de temps, malgré plus de 80 000 abonnés), en guise d'interview du mois, ce fut : l'attachée de la direction fantôme et les attachées de direction du Président en réunion...

Dix ans déjà ! Le budget s'exprimait alors encore en francs !

Avec un budget annuel de près de 4 millions de Francs (information du site Internet), le *Centre Régional des Lettres Midi-Pyrénées* a les moyens d'une ambitieuse politique culturelle.... Le CRL organise chaque année un Salon du livre de Toulouse Midi-Pyrénées (le huitième les 5 - 6 - 7 juillet 2002, place du Capitole)...

Une sortie de livre : l'occasion idéale de revenir à la charge (en 1998, Laurence Simon, connue dans la région pour sa farouche opposition à l'auto-édition, avait bien souligné éditeurs professionnels dans sa laconique réponse « *Votre qualité d'auteur-éditeur ne nous permet pas de vous intégrer à ce Salon, qui est limité aux éditeurs professionnels de Midi-Pyrénées* »), je peux désormais arguer de l'achat par Microsoft du droit d'utiliser mes premières publications pour « *apprendre le Français à ses logiciels de prochaine génération* » et citer Désiré Janicot, dont le dernier roman (en auto-édition naturellement) a obtenu le deuxième prix des écrivains ruraux, Désiré Janicot, un pilier des salons du livre du Sud-ouest, l'un des "*copains d'abord*" de Brassens (« *c'était pas la femme de Désiré c'était pas la femme d'Hector...* » - Hector, le frère de Désiré...), dont la Gaumont a récemment acquis les droits de deux livres, Désiré également non invité pour "statut juridique"... Normalement, un Centre Régional des Lettres n'a pas vocation à être le Syndicat des Editeurs "professionnels" (renommés éditeurs subventionnés ?) ni celui des libraires de Toulouse... Vous ne connaissez sûrement pas Laurence Simon... qui n'est plus au CRL... ce qui peut aider... Donc téléphone...

Stéphane Ternoise : - (...) puis-je parler à madame la directrice Laurence Simon ?

CRL Midi-Pyrénées : - Madame Laurence Simon n'est plus au CRL depuis octobre dernier (...) la prochaine directrice sera en poste au 1er septembre...

Stéphane Ternoise : - Votre position vis-à-vis de l'auto-édition ?

CRL Midi-Pyrénées (l'attachée de la direction fantôme donc) : - Je ne peux pas vous répondre... je suis là pour que l'association continue... mais au niveau des manifestations littéraires, rien n'est changé en ce jour... pour cela il faut attendre la mise en poste de la nouvelle direction...

Stéphane Ternoise - Donc fi des auteurs auto-édités !

CRL Midi-Pyrénées : - C'est des dispositions qui ont été prises par des supérieurs.

Stéphane Ternoise - Alors pourquoi appeler salon du livre et non salon des éditeurs subventionnés ?

CRL Midi-Pyrénées : - Je ne sais pas... ce n'est pas moi qui prend cette décision... c'est des intitulés qui sont restés des années précédentes...

Stéphane Ternoise - Ça ne vous dérange pas d'être dans une association où l'argent public sert à des éditeurs ? [j'exagère ?]

CRL Midi-Pyrénées : - Je suis en intérim... même si je suis là depuis trois ans... on ne me demande pas mon avis... je fais tourner mais je n'ai aucun pouvoir de direction.

Stéphane Ternoise : - Qui faut-il voir ? Monsieur le ministre Martin Malvy [président de Région, ex-ministre... quand on s'en souvient il faut toujours dire monsieur le Ministre à un ancien ministre...] ?

CRL Midi-Pyrénées : - Écrivez au Président du CRL, monsieur Alain Bénéteau.

Stéphane Ternoise : - Quel est son pouvoir ?

CRL Midi-Pyrénées : - Il a le pouvoir d'un président en association... il vous répondra, je pense, d'attendre l'arrivée de la nouvelle directrice...

Stéphane Ternoise - S'il y a un gros problème au CRL ? [je

souris en posant la question, hésitant à parodier Renaud : en cas de guerre, en cas de crise ou victoire des fachos]

CRL Midi-Pyrénées : - Immédiatement, j'appelle monsieur Bénéteau.

La sympathique attachée de la direction fantôme (qui n'a malheureusement pas la qualification exigée du poste... pourtant je préférerais discuter avenir avec elle plutôt qu'avec une sous-madame-Simon), me fournit le contact de monsieur Bénéteau...

Immédiatement, j'appelais monsieur Bénéteau, tout en remarquant « l'intérim » de trois ans.

Bénéteau Alain, PS Haute-Garonne, Premier Vice-président du Conseil Régional Midi-Pyrénées... Commission permanente - Environnement et développement durable - Industrie (PME-PMI, grands groupes et services à l'industrie) - Recherche, transferts de technologies et enseignement supérieur.

Non je ne lui chanterai pas "maintenant qu'on est socialistes, fini le pognon aux éditeurs, on veut des subventions pour les auteurs, et même pour l'auto-édition, paraît qu'y'a pas qu'des cons" (toujours pour parodier Renaud). M'aurait-il répondu "trublions trublions tu vas prendre des gnons..." (monsieur Bénéteau fut également bercé du côté de Renaud ?)

Premier appel (21 juin). Attachée de direction de monsieur Bénéteau, très aimable...

Stéphane Ternoise : - (...) Pour faire bouger un peu le CRL il faut quelqu'un d'un peu connu sûrement ?

Réponse : - Oui... je pense que maintenant peut-être il y aura une autre politique qui va être mise en place... je pense qu'il vaut mieux que vous en parliez directement avec monsieur Bénéteau et après avec la nouvelle directrice, madame Tabarly, qui va arriver le 1er août... je ne vous promets pas qu'il pourra vous rappeler aujourd'hui... mais lundi...

Deuxième et troisième appels (25 juin). Deuxième attachée de direction de monsieur Bénéteau, très aimable...

Le troisième appel, vers midi, comme demandé.

Réponse : - Malheureusement monsieur Bénéteau se retarde, il va venir directement pour le déjeuner qui l'attend à 12 H 30... hier il a enchaîné réunion sur réunion, c'est vrai qu'il a beaucoup de gens à rappeler... cet après-midi... soit avant 16 heures soit après 16 heures (sic).

Je notais également dans ce webzine : rejeter l'auto-édition au nom de la sélection par le statut éditeur professionnel est AU MIEUX un aveu d'incompétence : l'auteur-éditeur est éditeur, a un numéro d'éditeur qu'on retrouve dans l'ISBN, est affilié SIRENE ; code APE 923A Activités Artistiques.

Un jour, j'ai enfin obtenu, par mail, une courte réponse de monsieur Alain Bénéteau, président du CRL donc, il souhaitait me rencontrer... « *pour débattre de cette question* »... Et m'accorda un « *nous ne pouvons probablement pas rester sur une situation non évolutive.* »

Si, naturellement, les grandes idées priment en politique (hum hum), des questions de luttes entre hommes peuvent interférer, on parle même de luttes intestines quand il s'agit de confrontations dans un même corps, genre socialiste. Martin Malvy et Alain Bénéteau furent en compétition avant les régionales de 1998 et les 9 000 militants socialistes de Midi-Pyrénées ont voté pour départager l'ancien ministre du Budget - député du Lot et le secrétaire fédéral du PS de Haute-Garonne.
Martin Malvy qualifié de « *fabiusien patenté dont on ne peut pas exclure qu'il cherche à nuire à Jospin* » et Alain Bénéteau « *enseignant rocardien raccroché par opportunisme aux branches du jospinisme.* » Selon un article de liberation.fr, donc sérieux.
Quand il quitta ses fonctions de 1er secrétaire fédéral, Alain Bénéteau déclara à leur *dépêche du midi* du 22 janvier 1999 « *Pendant trois ans, j'ai toujours constaté que, de manière larvée ou plus explicite, l'esprit de clans n'a pas quitté certains. Pour eux, la capacité de nuire et de destruction est plus forte que celle de construire. C'est une minorité agissante. Tant que le parti n'aura pas réglé cette question au fond, il continuera à s'affaiblir.*" (interview découverte sur internet, naturellement)

Un « *esprit de clans* » au Parti Socialiste ? Oh ! Dans un sketch, je m'étonnerais surtout de la présence de cet esprit ! (déformation professionnelle)

« *Aux élections de mars 2010, j'ai quitté à regret le conseil régional* » confesse Alain Bénéteau dans "*Les régions françaises au milieu du gué : Plaidoyer pour accéder à l'autre rive*", publié chez *l'Harmattan* et partiellement disponible sur books.google.fr. Publication qui devrait permettre à l'ancien président du CRL de postuler pour une prochaine bourse ?
Ternoise et Bénéteau sont dans un bateau, Malvy se promène tranquillement sur la plage, que font Ternoise et Bénéteau ? Si j'ai le temps, j'essayerai de contacter le nouvel auteur, lui proposerai un dialogue sur l'édition.

Une pensée pour cette attachée de direction 2002, et son « *peut-être il y aura une autre politique qui va être mise en place...* » Quatre années s'étaient pourtant déjà écoulées depuis l'arrivée à la présidence de monsieur Malvy. A-t-il lui également, un jour, proclamé « *le changement, c'est maintenant* » ?

Avril 2011, communiqué de presse du CRL Midi-Pyrénées, par l'intermédiaire de monsieur Hervé Ferrage, son directeur.
Sobrement intitulé : "*LE NUMERIQUE ET LES MÉTIERS DU LIVRE*" ; la création d'un groupe de travail régional sur le livre numérique. Leur objectif : un livre blanc.
Intéressant ? Qui, dans ce groupe de travail ? Des « *professionnels du livre et de la lecture.* »

Deux membres de structures financées par la région Midi-Pyrénées : naturellement Hervé Ferrage, le directeur du CRL, dont l'approche pourrait ressembler à celle de Jean-Paul Lareng, directeur de l'ARDESI Toulouse (Ardesi, Agence Régionale pour le Développement de la Société de l'Information en Midi-Pyrénées, une association Loi 1901, créée et financée par la Région Midi-Pyrénées).

Quatre éditeurs : Patrick Abry, des *Editions Xiao Pan* de Figeac ; Marie-Françoise Dubois-Sacrispeyre, *Editions Erès* à Toulouse ; Philippe Terrancle, *Editions Privat* à Toulouse, et on peut classer Joël Faucilhon chez les éditeurs, étant donné qu'il représente *Lekti-ecriture* d'Albi (organisme qui rassemble 70 éditeurs indépendants selon leur site internet).

Trois libraires : Benoît Bougerol, président du Syndicat de la Libraire Française et directeur de *La Maison du Livre* de Rodez ; François-Xavier Schmitt, de *L'Autre Rive* à Toulouse ; Christian Thorel d'*Ombres Blanches* également de Toulouse.

Six représentants d'organismes publics au sens large : Michel Fauchié, de la Médiathèque José Cabanis à Toulouse, chargé des technologies numériques ; Marie-Hélène Cambos, des archives départementales de la Haute Garonne ; Frédéric Bost-Naimo, de la Médiathèque de Colomiers, noté "*bibliothécaire du secteur Musique*" ; Karine de Fenoyl, de la Médiathèque Municipale d'Albi, aussi responsable du secteur Musique ; Jean-Noël Soumy, conseiller pour le livre à la DRAC ; Sandrine Malotaux, directrice SCD de l'Institut national polytechnique de Toulouse.

Et un auteur, Xavier Malbreil, qui a donc accepté d'être "notre" représentant face à ces gens qui n'écrivent pas.
Mais que les notables se rassurent, l'auteur n'est pas un de ces indépendants qui essayent de vivre de leur plume contre lobbies et préjugés, il enseigne, serait même critique d'art numérique et enseignant à l'université de Toulouse II-Le Mirail, auteur d'un livre intitulé *La Face cachée du Net*, publié en 2008 chez *Omniscience*. Cursus léger pour représenter les écrivains face à un tel cénacle mais sûrement suffisant pour le rôle du "bon auteur".

Observer la liste de ces "*professionnels du livre et de la lecture*" est suffisant pour connaître les grandes lignes du livre blanc qu'ils devaient présenter sûrement comme un document essentiel, remis à monsieur Martin Malvy et validé comme la nouvelle ligne directrice de la politique de la région en faveur du livre.

Ils peuvent même annuler leurs réunions et se contenter du communiqué de presse, des deux points : "*le numérique est devenu un enjeu central*" et "*les pratiques des lecteurs et leurs évolutions dicteront leur loi.*"
Certes, ils confessaient immédiatement leur a priori en écrivant : « *les libraires indépendants lancent leur portail de la librairie indépendante, 1001libraires.com, et défendent leur rôle indispensable de médiateurs.* »

En mai 2012, il était noté : « *D'ici l'été 2012, le groupe de travail proposera un ensemble de recommandations sous la forme d'un livre blanc du numérique* ». Sans même nous fournir quelques-unes des grandes recommandations qui ne manqueront pas de révolutionner le secteur ! Depuis, rien de visible !
Plus choquant même : en mars 2015, une recherche "*LE NUMERIQUE ET LES MÉTIERS DU LIVRE*" sur google offre uniquement deux réponses : ses mes sites. Oui, toute trace de ce grand projet pour lequel de nombreux frais généraux furent sûrement dilapidés semble avoir disparu chez ces gens-là...

Le Centre Régional des Lettres Midi-Pyrénées, selon sa présentation officielle, se prétend au cœur de la politique du livre en région, « *plate-forme d'échanges, de débats et de partenariats entre acteurs de la chaîne du livre. Qu'il s'agisse de conseil,*

d'expertise, de financement ou de mise en réseau, le CRL accompagne auteurs, éditeurs, libraires et professionnels des établissements documentaires de la région Midi-Pyrénées dans leurs projets. »

La page "*missions*" le prétend : « *à l'écoute de leurs préoccupations en un temps où la révolution numérique transforme en profondeur les métiers du livre.* »

Qu'entend le CRL par « *Soutenir la création et la chaîne du livre* » ?
La réalisation d'études et l'attribution d'aides « aux acteurs du livre. »

Qui sont ces acteurs du livre ?

« *- Auteurs : bourses d'écritures versées par le CRL pour favoriser la création littéraire en Midi-Pyrénées.*

- Editeurs : présence à Vivons Livres ! Salon du livre Midi-Pyrénées, aides aux déplacements hors région (entre autres le Salon du livre de Paris), aides à la fabrication et à la traduction, toutes versées par la Région Midi-Pyrénées.

- Libraires : mise en place d'une politique d'aide à la librairie indépendante, financée majoritairement par la Région Midi-Pyrénées, avec le soutien de la DRAC. »

Oui des librairies sont aidées avec de l'argent public, à l'heure où la numérisation, le changement de modèle économique, devrait être la préoccupation majeure.
Dans les **critères d'attribution des bourses d'écriture 2012** (9 bourses par an chacune d'un montant maximum de 8 200 €), les auteurs-éditeurs, même professionnels, sont exclus d'une phrase : « *l'auteur doit avoir publié au moins un livre à compte d'éditeur (sous forme imprimée).* »
Certes ne figure plus dans la rubrique "Sont exclus :" la phase « *l'auto-édition (éditions à compte d'auteur et éditions à compte d'auteur pratiquées par un éditeur professionnel).* » Oui, le

professionnalisme du CRL donna cette définition de l'auto-édition !

Encore fin 2011 début 2012, je suis reparti au combat (c'est fatiguant ! mais il le faut parfois pour présenter des faits concrets, des réponses). Il arrive un moment où le comportement de ces gens qui se gargarisent de soutenir la culture devient insupportable.

Le mardi 9 août 2011 à 13:00 j'écrivais à l'adresse mail spécifiée sur le site, à la responsable du dossier des bourses du CRL :

« Bonjour,

Dramaturge joué (France, Biélorussie, Madagascar et sûrement dans quelques autres pays de manière illégale, comme ce fut le cas en Biélorussie dans un festival organisé par l'ambassade de France)

Auteur de chansons chanté.

Romancier, essayiste, dont les livres sont lus. 14 livres en papier.

Citoyen lotois, donc de Midi-Pyrénées.
Auteur vivant modestement de sa plume en indépendant (auteur-éditeur, aucune subvention ni rsa...)

Je suis naturellement inscrit dans une démarche numérique, avec une 20taine d'ebooks distribués sur les plus grandes plateformes numériques.

Des auteurs bénéficient de subventions http://www.crl-midipyrenees.fr/creation-et-vie-litteraires/aide-a-la-creation
Il est noté "au moins un ouvrage à compte d'éditeur."
Est-il indispensable de travailler pour des éditeurs subventionnés et membres du SNE pour proposer un dossier de candidature ?

Je suis déclaré en profession libérale, auteur-éditeur, avec numéro de siren et tva intracommunautaire.

Je suis donc un écrivain professionnel (http://www.ecrivain.pro) et j'aimerais connaître votre position, la position du CRL.

Amitiés Stéphane Ternoise http://www.ecrivain.pro »

Le jeudi 27 octobre 2011 à 09:22, en l'absence de toute réponse, j'écrivais de nouveau :

« Bonjour,

Surpris de ne pas avoir obtenu de réponse au mail du 9 octobre, cela me permet de préciser quelques évolutions encore plus positives depuis cette date :

Dramaturge joué (France, Biélorussie, Madagascar et sûrement dans quelques autres pays de manière illégale, comme ce fut le cas en Biélorussie dans un festival organisé par l'ambassade de France) désormais traduit en anglais et allemand (une pièce publiée et distribuée sur Itunes, Amazon, la Fnac... :
- Traduction Kate-Marie Glover The Teddy (Bear) Whispererhttp://librairie.immateriel.fr/fr/ebook/9782365410311/the-teddy-bear-whisperer
- Traduction Jeanne Meurtin Das Mädchen mit den 200 Schmusetieren http://librairie.immateriel.fr/fr/ebook/9782365410342/das-m%C3%A4dchen-mit-den-200-schmusetieren)

Auteur de chansons chanté.

Romancier, essayiste, dont les livres sont lus. 14 livres en papier (http://www.ecrivain.pro).

Citoyen lotois, donc de Midi-Pyrénées.

Auteur vivant modestement de sa plume en indépendant (auteur-éditeur, aucune subvention ni rsa...)

Je suis naturellement inscrit dans une démarche numérique, avec une 40taine d'ebooks distribués sur les plus grandes plateformes numériques (vie mon edistributeur Immateriel).

Naturellement je soutiens le livre numérique et l'arrivée du Kindle fut une date essentielle pour les écrivains français.

Je suis même parfois classé dans le top 100 des ventes Amazon Kindle :
http://www.ecrivain.pro/top100amazon20111026.html (hé oui, bien devant des écrivains qui ont pourtant obtenu une bourse CRL les années précédentes...)

Bizarrement, quand le CRL a lancé une commission sur l'ebook, il ne m'a pas contacté alors qu'au moins dans la région je suis une référence du domaine...

Des auteurs bénéficient de subventions http://www.crl-midipyrenees.fr/creation-et-vie-litteraires/aide-a-la-creation Il est noté "au moins un ouvrage à compte d'éditeur."

Est-il indispensable de travailler pour des éditeurs subventionnés et membres du SNE pour proposer un dossier de candidature ?

Je suis déclaré en profession libérale, auteur-éditeur, avec numéro de siren et tva intracommunautaire.

Je suis donc un écrivain professionnel (http://www.ecrivain.pro) et j'aimerais connaître votre position, la position du CRL. Naturellement, je souhaite déposer un dossier de bourse du CRL et je serais choqué qu'un écrivain professionnel ne puisse y prétendre.

Amitiés
Stéphane Ternoise
http://www.ecrivain.pro »

Naturellement, ces "références" pour ces gens là, c'est "sûrement" sans intérêts... hors sujet... À 10 heures 07 je recevais une confirmation de lecture et à 13:22, enfin une réponse :

« Bonjour,

Je vous prie de m'excuser mais je suis assez prise en ce moment par la préparation de notre salon du livre Vivons Livres !, qui se tiendra les 5 & 6 novembre à Toulouse et je n'instruirai les dossiers de demande de bourses qu'après cette date. Merci de votre compréhension

Vous pouvez me contacter d'ici une quinzaine de jours

Pour info je rappelle que :

Le Centre Régional des Lettres attribue des bourses d'écriture aux auteurs et aux illustrateurs dans le domaine de la création littéraire, des sciences et des sciences humaines au sens large, afin de leur permettre de libérer du temps pour mener à bien un projet d'écriture.

Pour solliciter une bourse d'écriture tout auteur doit remplir les conditions suivantes :

- Résider en région Midi-Pyrénées

- Avoir publié au moins un ouvrage en langue française, à compte d'éditeur, chez un ou des éditeurs assurant une diffusion et une distribution dans un ensemble significatif de librairies sur le territoire national.

- Etre auteur ou coauteur d'un ouvrage à part entière (ne sont pas considérées comme conditions suffisantes : illustrations de couverture, publications collectives ou en en revue)

Vous trouverez sur le site du CRL les modalités d'attribution. http://www.crl-midipyrenees.fr/creation-et-vie-litteraires/aide-a-la-creation/

Bien cordialement

Eunice Charasse
Chargée de la formation et de la vie littéraire
Centre Régional des Lettres Midi-Pyrénées
7, rue Alaric II
31000 TOULOUSE »

Il convient de noter « *une diffusion et une distribution dans un ensemble significatif de librairies sur le territoire national.* » Donc, selon le CRL, il n'existe aucun problème de diffusion du livre papier en France ! Les distributeurs et les libraires sont des gens adorables !
Je répondais quasi immédiatement, à 13:54 :
« Bonjour Eunice,

C'est justement la phrase
"Avoir publié au moins un ouvrage en langue française, à compte d'éditeur, chez un ou des éditeurs assurant une diffusion

93

et une distribution dans un ensemble significatif de librairies sur le territoire national." qui peut poser un problème. Si elle est appliquée au pied de la lettre cette mesure est une intolérable distorsion de concurrence, sachant que je suis auteur-éditeur professionnel, que je pratique la vente directe des livres papier (14) depuis des années et l'ensemble des ebooks sont même mieux distribués que ceux édités chez Gallimard. Etant auteur-éditeur, correctement diffusé, je ne vois pas l'intérêt de travailler avec un éditeur versant des droits dérisoires, même en numérique.

Donc j'aimerais des précisions sur votre application de ce terme et votre avis sur ma condition d'auteur-éditeur en région Midi-Pyrénées, d'ailleurs non invité à votre salon du livre...

Amitiés

Stéphane Ternoise

http://www.ecrivain.pro »

Aucune réponse. La date limite fut donc franchie et cette personne payée par l'argent public n'a pas répondu à la question. Surprise : le mercredi 4 janvier 2012, un message adressé à 6 adresses mails, dont la mienne, et deux Copies Conformes.

« Sujet : Bourse CRL

Bonjour,

Vous aviez émis le souhait de déposer un dossier de demande de bourse au CRL.

À ce jour je n'ai rien reçu.

Pouvez-vous me joindre pour en discuter SVP au 05 34 -- -- -- ?

Soit vous ne pouvez prétendre à cette bourse au vu des critères d'éligibilité

Soit vous m'avez envoyé le dossier mais il y a eu un problème de réception car je n'ai aucun dossier en ma possession

Merci de m'en informer / Cordialement et Très Belle Année à vous

Eunice Charasse
Chargée de la formation et de la vie littéraire
Centre Régional des Lettres Midi-Pyrénées
7, rue Alaric II
31000 TOULOUSE »

Je répondais ce mercredi 4 janvier 2012 à 12:24

« Bonjour Eunice,

Le problème, c'est votre absence de réponse aux questions soulevées en 2011.

En résumé : est-ce que le CRL Midi-Pyrénées mène une politique pro-installés ou a une démarche de soutien à la littérature ?
La phrase " Avoir publié au moins un ouvrage en langue française, à compte d'éditeur, chez un ou des éditeurs assurant une diffusion et une distribution dans un ensemble significatif de librairies sur le territoire national" peut poser problème, sachant que je suis mon propre éditeur (professionnel). J'assure à mes écrits une large diffusion. Mon théâtre est joué en France et à l'étranger. Mes textes de chansons sont chantés. Mes romans sont lus.

Si vous suivez le développement des ebooks autrement que dans une vague commission où siègent des libraires et autres représentants de l'économie du livre verrouillée par Lagardère and Coe, vous connaissez sûrement certains de mes textes (parfois classés dans le Top 100 Amazon Kindle).

Est-il utile que je réalise un dossier ?

Meilleurs vœux littéraires 2012.

Amitiés

Stéphane Ternoise / http://www.ecrivain.pro »

Confirmation de lecture parvenue le 04 à 12:56. Mais aucune réponse.

Le jeudi 5 janvier 2012 09:16 :

« Bonjour Eunice,

Je note votre nouvelle absence de réponse.

J'ai bien noté que vous n'avez d'abord pas répondu à ma demande en septembre 2011 puis à la suivante. Vous avez attendu le passage de la date limite pour envoyer les dossiers... Quelle est votre motivation ?

En exigeant un contrat en compte d'éditeur, vous êtes dans l'erreur et le savez ?
J'ai signé un contrat de distribution avec IMMATERIEL qui me permet d'être distribué comme Gallimard. Je suis considéré comme éditeur par l'administration fiscale et vous placez une discrimination sur mon statut en exigeant que je passe par un éditeur qui verse des droits d'auteur dérisoires.
Avec Immateriel, 60% du prix HT me revient. Si j'étais chez votre ami Lagardère, je ne serais même pas à 10%.

Naturellement, j'écrirai de nouveau sur ce sujet...

Amitiés
Stéphane Ternoise
http://www.ecrivain.pro »

Depuis : rien.

L'actuel Président du CRL se nomme Michel PEREZ. Il est joignable par mail au « secrétariat. » Deux messages, une réponse le mardi 22 janvier 2013 11:37 de madame Monique Godfrey, collaboratrice des élus du groupe Socialiste et Républicain, Région Midi-Pyrénées, directement interpellé dans le deuxième message. « *Monsieur Perez a un agenda assez chargé en ce début d'année, cela ne signifie pas qu'il ne s'intéresse pas aux problèmes qui lui sont soumis. Il est donc possible qu'il ait prévu de vous répondre mais qu'il n'ait pas pu le faire comme il le souhaite jusqu'à présent. Nous devons faire un point sur bon nombre de choses ce jeudi, je lui ferai part de vos interrogations. »*

Il est "naturellement" Conseiller régional. Retraité de l'Education Nationale, adjoint au maire de Saint Gaudens.

Comme à la même époque une lettre recommandée fut envoyée à monsieur Malvy, il est possible que le jeune président du CRL ne soit pas autorisé à me répondre (j'ignore le fonctionnement de ces structures ; faut-il demander une autorisation au grand chef quand déboule une question impertinente ?).

Le 4 mars 2013, je pensais convenable d'écrire une nouvelle bafouille destinée au CRL, par mail. Oui, certains ont droit aux recommandés pour d'autres je me contente du courriel ! (analysez cette différence de traitement !)

Bonjour Madame Godfrey,

Suite à votre message du 22 janvier à 11 heures 37, et à votre point du 24 avec Monsieur Perez Michel, je constate, cinq semaines plus tard, l'absence de réponse du président du CRL. J'ai bien noté que M. Perez a *"un agenda assez chargé en ce début d'année"* et je vous confirme ne pas être membre du PS, pas même du PRG.

D'après les informations qui me sont parvenues, il semblerait qu'au sein du Conseil Régional, personne ne connaisse l'existence d'une profession libérale auteur-éditeur, ainsi déclarée à l'urssaf (N°SIREN ---------) et au service des impôts (déclaration contrôlée, BNC, avec même un numéro de TVA Intracommunautaire FR42-------- dans mon cas).

Il semblerait que le CRL, sûrement victime de notes de lobbies, pense financer les *"opérateurs les plus exposés"* et même les *"petites structures d'édition."* Monsieur Alain Bénéteau, en son temps de président du CRL, sembla pourtant prendre conscience du problème. Mais visiblement, l'information s'est perdue (vous

vous souvenez sûrement de M. Bénéteau, qui a exprimé dans un livre ses regrets de ne plus participer à cette vénérable assemblée régionale).

J'aimerais donc simplement connaître les motivations de Monsieur Perez au sujet de cette discrimination dans la politique du CRL.

Pensez-vous, Monsieur Perez, comme moi et Emmanuel Todd, qui le résuma d'une phrase médiatisée « *la vérité de cette période n'est pas que l'État est impuissant, mais qu'il est au service de l'oligarchie* » ?

Pensez-vous, Monsieur Perez, qu'il faille attendre 2015 pour une prise en considération des réalités de notre région ? Ou êtes-vous ouvert à une remise en cause de la captation par des installés de l'argent public prétendu culturel ?

La révolution numérique est une formidable opportunité pour les écrivains, il est dommage que les élus se situent du côté des puissants plutôt que de soutenir les créateurs. Vous le pensez sûrement, Monsieur Perez. Mais il arrive un jour, quand on est aux responsabilités, où il faut oser s'attaquer aux privilèges pour mener une politique juste. Non ? Oui, je suis un citoyen plutôt de gauche !

Veuillez agréer, Madame Godfrey, Monsieur Perez, mes très respectueuses considérations.

Un avis de confirmation de lecture m'est parvenu dans la soirée.

Envoyé : lundi 4 mars 2013 16:13:46 (UTC+01:00) Bruxelles, Copenhague, Madrid, Paris
a été lu le lundi 4 mars 2013 21:16:41 (UTC+01:00) Bruxelles, Copenhague, Madrid, Paris.

[Début 2015 : toujours rien. Monsieur Hervé Ferrage est parti semer la bonne parole culturelle à l'étranger (dans une structure visiblement également gloutonne d'argent public) et son successeur répondra peut-être un jour à mes "impertinences". La fusion de notre région avec l'une de ses voisines générera sûrement des doublons ; je propose de virer sans ménagement ces gens-là...]

Bourses d'écriture 2013 : critères et modalités d'attribution

Le C.R.L peut attribuer une dizaine de bourses par an pour un montant maximum de 8 000 €, versées sur 6 mois.

Critères d'attribution :
- l'auteur doit résider en Midi-Pyrénées,
- l'auteur doit avoir publié au moins un livre à compte d'éditeur (sous forme imprimée),
- une période de trois ans doit s'écouler entre l'attribution de deux bourses du C.R.L. Midi-Pyrénées à un même auteur et l'ouvrage pour lequel la première bourse a été attribuée doit avoir été publié entre-temps,
- un auteur ne pourra se voir attribuer plusieurs aides publiques pour un même ouvrage.

Oui mais nous sommes en 2015 ! Rien de changé !

Ont bénéficié de l'argent du CRL en 2014 : Manu Causse (roman), Seb Cazes (bande dessinée), Élodie Dupau (traduction), Joël Faucilhon (roman policier), Philippe Jalbert (littérature de jeunesse), Aurélia Lassaque (poésie bilingue français/occitan), Amandine Marshall (documentaire jeunesse), Frédéric Maupomé (littérature de jeunesse), Ôrel (roman), Lydie Parisse (théâtre) et Weissengel (bande dessinée).

Ont bénéficié de l'argent du CRL en 2013 : Magali Bardos (littérature jeunesse), Ronald Curchod (livre d'illustrations), Isabelle Desesquelles (roman), Didier Goupil (roman), Sophie Lamoureux (récit historique), Halim Mahmoudi (BD), Dominique Nédellec (traduction), Nicolas Rouillé (roman) et Céline Wagner (BD).

Ont bénéficié de l'argent du CRL en 2012 : Violaine Bérot

(roman), Seb Cazes (bande dessinée), Thierry Colombié (roman), Matthieu Duperrex (essai, livre numérique), Lionel Hignard (documentaire), Pascal Poyet (poésie), Bruno Ruiz (poésie), Thomas Scotto (littérature pour la jeunesse), Stéphane Sénégas (album illustré pour enfants), Benoît Séverac (roman) et Alexandre Tylski (essai).

Ont bénéficié de l'argent du CRL en 2011 : Ana Tot (poésie), Julien Campredon (nouvelles), Julie Eugène (jeunesse), Abdelmadjid Kaouah (poésie), Anne Letuffe (jeunesse), Anaïs Massini (jeunesse), Catherine Moreau (thriller psychologique), Bernadette Pourquié (théâtre), Yannick Robert (BD) et Fabien Sanchez (roman)

Ont bénéficié de l'argent du CRL en 2010 : Mouloud Akkouche (docu-fiction), Agnès Birebent (poésie), Cédric Demangeot (poésie), Claire Garralon (littérature de jeunesse), Yoël Jimenez (fable illustrée), Hervé Jubert (roman historique), Cyrille Pomes (bande dessinée), Anne-Christine Tinel (roman), et Emmanuelle Urien (roman).

Le Seb Cazes est bien vu ! 2012, 2014... Sûrement nettement plus talentueux que Ternoise ! A noter que Manu Causse figure également parmi les boursiers 2006. Et Mouloud Akkouche en 2002. Faut savoir se faire bien voir...

Le département du Lot

J'ai contacté, début 2012, Monsieur le 6ème vice-président, Monsieur Gérard Amigues, « Vous êtes chargé de la culture, du patrimoine et des usages informatiques, et qui plus est avez participé au livre *Archives de pierre les églises du Moyen âge dans le Lot*. Vous connaissez donc parfaitement le sujet sur lequel je me permets de vous questionner.

Ce livre *Archives de pierre les églises du Moyen âge dans le Lot*, qui semble intéressant dans sa présentation officielle, est spécifié *"fruit des six années d'inventaire et études scientifiques de l'architecture médiévale du département, menés depuis 2005 par le Conseil général du Lot et la Région Midi-Pyrénées dans le cadre de l'Inventaire général du patrimoine culturel, avec la collaboration de l'Université Toulouse-Le Mirail."*

Ce livre est spécifié *"coécrit sous la direction de Nicolas Bru, conservateur des Antiquités et Objets d'Art, par Gilles Séraphin, architecte du Patrimoine, Maurice Scellès, conservateur en chef du Patrimoine, Virginie Czerniak, maître de conférences en histoire de l'art, Sylvie Decottignies, ingénieur d'études, et Gérard Amigues, vice-président du Conseil général."*
J'ai aussi lu la page 25 de "Contact Lotois", entièrement dédiée à sa publicité.

Et pourtant, je n'en ai trouvé aucune version numérique gratuite.

Toute recherche payée avec l'argent public devrait désormais conduire à une publication gratuite en ebook. C'est la position défendue dans plusieurs de mes e-books. La considérez-vous scandaleuse ?

Gilles Séraphin, Virginie Czerniak, Sylvie Decottignies, semblent donc avoir été payés par leur employeur pour travailler sur cet ouvrage. Il est possible que vous considériez que votre participation ne participe pas de vos fonctions d'élu. Donc est-ce votre contribution qui empêche la mise à disposition gratuite de cet ouvrage collectif ?

Il me semble "surprenant" mais surtout anachronique, que le département offre aux éditions Silvana Editoriale (plus un imprimeur lotois ?) et aux libraires, la possibilité de se partager la majeure partie des 39 euros de cet ouvrage. Pas vous ?»

Sa réponse eut le grand mérite de la clarté : la « *publication a été confiée à un éditeur spécialisé, sous la forme d'un pré-achat lui assurant la viabilité économique du projet. Les auteurs ont été rémunérés dans le cadre de leurs fonctions générales pour les institutions qui les emploient, et non spécifiquement pour la rédaction de l'ouvrage : ils ont concédé leurs droits d'auteurs payants, ce qui a permis de baisser le prix de vente unitaire au profit de l'acheteur.* » Oui, monsieur Gérard Amigues a bien noté au profit de l'acheteur, et non de l'éditeur, et non des libraires. 39 euros, aucun droit d'auteur à payer, un pré-achat par le Conseil Général du Lot ! Un éditeur bien engraissé ! Et des libraires qui toucheront une rondelette somme ! J'ai naturellement essayé de continuer ce dialogue postal en lui signalant, le 20 juillet 2012, qu'il est infondé de prétendre « *sans garantie de pérennité dans le temps au regard d'évolutions technologiques permanentes pouvant rendre de tels supports rapidement obsolètes* » au sujet des ebooks.

La première partie de sa phrase contenant aussi un élément contestable « *il n'a pas été envisagé de développer de version ebook de l'ouvrage, dans la mesure où cela aurait engendré un coût de développement plus important pour les deux collectivité partenaires* », je lui ai donc appris qu'il suffit de quelques heures (pour la gestion des tables) pour transformer un document word ou works en ebook, à comparer aux « *six années d'inventaire et études.* » Sans réponse.

Profitant de la Saint Casimir, me sentant en verve après la bafouille à monsieur Perez, j'ai pensé qu'une pathétique longue lettre en recommandé susciterait peut-être une risible réponse !

Oui, je doute que monsieur Amigues prenne son bâton de justicier pour transformer la politique du CRL. Go ! Je pense inévitable les redites avec d'autres lettres ! Vive le copier coller... l'essentiel étant de les titiller au point qu'ils concèdent des réponses dont l'histoire (après les lectrices et lecteurs de mes livres) se chargera du jugement.

Monsieur Gérard AMIGUES
6ème vice-président,
Conseil général du Lot
Avenue de l'Europe - Regourd
BP 291
46005 Cahors cedex 9

Montcuq le 4 mars 2013

Monsieur le 6ème vice-président,

D'après les informations collectées, il semblerait qu'au sein du CRL Midi-Pyrénées, où vous siégez, nul ne connaisse vraiment l'existence d'une profession libérale auteur-éditeur, ainsi déclarée à l'urssaf (N°SIREN ---------) et au service des impôts (déclaration contrôlée, BNC, avec même un numéro de TVA Intracommunautaire FR42--------- dans mon cas). L'édition, ce serait soit du compte d'éditeur soit le compte d'auteur. L'indépendance n'existe pas (ou doit être assimilée au compte d'auteur ?).

Connaître vraiment serait respecter. Non ?

L'auto-édition (autre appellation pour l'administratif auteur-éditeur) est une vraie profession. J'en suis même l'un des symboles au niveau national, auteur du "*manifeste de l'auto-édition.*" Madame Aurélie Filippetti, ès ministre de la Culture, écrivait d'ailleurs récemment « *l'auto-édition est riche de promesses.* » Mon combat pour sa reconnaissance passe donc par la dénonciation de votre position, de votre politique.

Vivant depuis 1996 dans le Lot, vous auriez pu devenir, Monsieur Amigues, un interlocuteur privilégié de mon activité artistique. Les portes de l'Adda me furent fermées d'une manière peu élégante. Aucune manifestation d'envergure ne sembla intéressée par ma présence. Vous préférez financer d'autres domaines, de la librairie aux éditeurs en passant par le passé.

14 livres en papier, une soixantaine d'ebooks, 12 pièces de théâtre, 3 albums d'auteur (interprétés par une vingtaine d'artistes), quelques centaines de photos publiées et pourtant des revenus très faibles.

Mon indépendance a semblé vous déplaire ! Le Lot, terre des clans, n'aime pas les indépendants ?

Je vais donc quitter le Lot, quitter la France.

Mes revenus littéraires me permettent d'envisager des conditions de vie décentes uniquement dans un pays d'Afrique francophone.

Depuis des années, je tiens en vivant de peu, sous le seuil de pauvreté, en travailleur indépendant, une modeste profession libérale. Je paye mes charges Urssaf, rsi... et il arrive un moment où il devient impossible de vivre avec encore moins.

Vous siégez au CRL, vous êtes donc également responsable de l'exclusion des écrivains indépendants des bourses d'auteur. Oui, avec 8000 euros je passais ce tunnel. Mais mon dossier n'est pas recevable : je suis un travailleur indépendant, une profession libérale. Pour avoir lu quelques confrères qui ont bénéficié de ces aides, je peux pourtant vous assurer que mes écrits ne sont pas forcément inférieurs ! Naturellement, je poserai publiquement et politiquement la question de la constitutionnalité d'une telle discrimination. D'ici ou d'ailleurs.

Pensez-vous, Monsieur Amigues, comme Emmanuel Todd, qui le résuma d'une phrase médiatisée « *la vérité de cette période n'est pas que l'État est impuissant, mais qu'il est au service de l'oligarchie* » ? (www.oligarchie.fr approuve naturellement !)

Les plus riches quittent la France car ils ne se considèrent redevable de rien et les plus pauvres ne peuvent plus vivre dans ce pays où l'argent de la culture est siphonné par des installés et des structures. L'échec moral de la gauche se situe également dans ce constat.

Je continuerai donc d'écrire ailleurs (sauf naturellement si mes dernières publications, que je lance ces jours-ci dans une perspective stendhalienne de loterie, principalement l'essai racontant mes difficultés, et mon sixième roman, me permettent de rester ! c'est le côté merveilleux de l'aventure, presque tout reste possible jusqu'au mot fin, même si un tel happy end semble improbable), j'abandonnerai ainsi le projet de présenter les 340 communes du Lot en photos (je vais naturellement publier de manière symbolique, avec explications, Figeac et Limogne ; non il ne s'agit pas d'une demande de préface ; je m'en chargerai !)

La révolution numérique viendra également dans l'édition, Monsieur Amigues. Vous préférez écouter et soutenir les doléances des installés mais heureusement Amazon, Kobo, Itunes, Barnes & Noble et même Google parviendront à déchirer ce cordon de subventions et préjugés qui fige la création en France. Non, monsieur Amigues, la création ce n'est pas de l'animation sponsorisée par la *dépêche du midi* ! Nous ne sommes pas au service des municipalités, départements, régions, notre perspective est historique.

L'Histoire jugera sévèrement celles et ceux qui ont servi les intérêts des installés au détriment de la Culture. Il en fut toujours ainsi mais la grande différence, c'est l'accélération : ils étaient morts depuis bien longtemps, les politiques, quand l'opinion publique s'apercevait enfin de leurs erreurs. Si vous aviez lu mes écrits depuis l'an 2000, vous sauriez qu'ils contenaient déjà ces analyses, dont le résumé rapide ne doit pas vous permettre de les écarter d'un sourire.

Mon problème est de tenir jusqu'en 2015. Il n'y a pas de place dans ce département pour un écrivain indépendant, OK, j'en prends note, monsieur le vice-président chargé de la culture. Il était donc normal que je vous écrive cette lettre. Avec la prétention de penser qu'elle restera.

Veuillez agréer, monsieur le 6ème vice-président, mes respectueuses salutations.

P.S. : j'ai bien noté votre absence de réponse à ma lettre du 20 juillet 2012.

La Réponse de Gérard Amigues

Réponse officielle, d'un élu, sur une feuille blanche au logo "LOT Conseil Général"... LIMOGNE, mercredi 13 mars 2013.

« Monsieur,

J'accuse réception de votre courrier et vous fait part de ma surprise car il n'attend en fait aucune réponse si ce n'est celle-ci qui vous donnera peut-être la satisfaction de savoir que j'en ai pris connaissance.

Vous semblez Monsieur me porter bien des griefs qui me rappellent par ailleurs les violentes diatribes à mon encontre d'un habitant de MONTCUQ qui s'exprimait il y a quelques années sur le Web alors que je n'avais jamais eu l'occasion de le rencontrer bien que ma porte soit ouverte à tous !

Je ne répondrai donc pas à vos critiques appliquant par la même votre précepte : « connaître vraiment serait respecter ! »

Par ailleurs vous me faites état d'un courrier du 20 juillet 2012 auquel je n'aurais pas répondu, j'en suis fort surpris car j'ai toujours eu à cœur (et je le prouve par ce courrier) de répondre à ceux qui m'écrivent ; si son propos était par ailleurs de la même tonalité soyez convaincu que j'en aurai le souvenir.

Veuillez agréer, Monsieur, mes salutations distinguées,

Gérard AMIGUES. »

Magnifique ! Je reprends la parole... Elle est magnifique, cette réponse, tellement déphasée, prétentieuse, responsable mais non coupable... Néanmoins, je l'ai égarée durant des mois ! Mais rien ne se perd dans mon désordre... tout s'égare, souvent... et réapparaît sans chercher... Les lettres suivies destinées à monsieur Amigues au Conseil Général semblent s'égarer également... donc de nouveau le recommandé... pour la suite...

Montcuq le 12 janvier 2014

Monsieur le 6ème vice-président,

Politique culturelle départementale, achats BDP, CRL, vous n'avez apporté aucune réponse à mes questions, indignations. Tout va très bien ! Tout va très bien ! Le gentil monsieur Amigues ne comprend pas pourquoi le méchant Ternoise, même pas inféodé aux éditions Privat, contester son action ! [précision pour ce livre : la tournure de phrase vous semble osée ? mais il s'agit d'interpeller... en "bon français scolaire" ce passage serait souligné en rouge... J'ignore si monsieur Amigues a saisi cette subtilité... puisse ce modeste bouquin au moins servir à élucider ce mystère lotois...]

Votre "réponse", où vous utilisez le procédé peu glorieux consistant à ne pas voir les questions pour ne pas aborder les points essentiels, étaye votre très mauvaise réputation auprès des écrivains. Naturellement, les "écrivains" (ou assimilés, prétendus) si souvent prompts à dénoncer votre comportement derrière votre dos, osent rarement vous placer un miroir devant le regard. Mais les gens de plumes ne sont pas les seuls "intimidés", je doute fort que vous auriez le courage de vous opposer à monsieur Malvy Martin ou monsieur Miquel Gérard si l'une de leurs décisions vous choquait (le cas ne s'est peut-être jamais produit ; il s'agit juste d'une impression d'un citoyen lotois vous observant depuis plus d'une décennie).

Oui, je vous critique, monsieur Amigues, n'ayant vu chez vous aucune volonté de rendre la société plus juste et ouverte mais constaté vos aides aux installés pour maintenir leurs privilèges.

1) Ainsi vous pensez, prétendez, ne jamais m'avoir rencontré ! Et ne comprenez pas que j'ose depuis une décennie vous critiquer ! Oui, 2004, un article sur montcuq.info Et depuis 2004 la situation dénoncée perdure. Je dénonçais alors que la Bibliothèque départementale de prêt du Lot n'avait, selon sa réponse « *aucune marge de manœuvre* » pour acquérir les livres des écrivains indépendants (alors que mes premiers bouquins furent acquis par la BDP). 180 000 euros destinés aux « marchés publics » en 2004, combien depuis ? Vous avez, monsieur Amigues, choisi de marginaliser les indépendants en appliquant d'une manière choquante la loi des marchés publics. Vous êtes responsable de cette politique. Comment la justifiez-vous, culturellement, éthiquement ? (sans le blabla du "grands éditeurs = culture"... il suffit d'observer les publications Hachette, Gallimard, Privat...)

2) Au CRL Midi-Pyrénées, où vous siégez, la profession libérale auteur-éditeur n'est pas considérée comme un statut ouvrant droits aux avantages de la qualité d'écrivain. L'édition, ce serait soit du compte d'éditeur soit le compte d'auteur ! Avec l'indécente prétention d'aider les "structures les plus fragiles" (quand on sait par exemple que monsieur Pierre Fabre est mort 58eme fortune de France et la place des éditions Privat au CRL). Avez-vous, depuis que j'ai soulevé ce problème (vers 2002), tenté de lutter contre cette injustice ? Profession libérale, je ne peux prétendre à une bourse d'auteur de 8000 euros. Mais je ne me suis pas immolé devant le bureau de monsieur Malvy Martin ni de monsieur Baylet Jean-Michel ! C'est Jack-Alain Léger qui s'est suicidé en 2013.

3) Vous avez donc reconnu, avoir, via un pré-achat, permis l'édition en papier, sans risque financier, du livre *Archives de pierre les églises du Moyen âge dans le Lot*, au bénéfice des éditions Silvana Editoriale et des libraires, ce qui constitue un avantage financier honteux et scandaleux pour un éditeur indépendant devant vivre sous le seuil de pauvreté. En vous relisant en 2014, vous ne vous apercevez même pas du grotesque

de votre réponse sur l'absence de version numérique ? Sans aucune aide, j'aurais édité en papier et numérique ce livre, si vous m'en aviez donné les droits plutôt que de les offrir à cet éditeur en lui signant en plus un gros chèque ! 2000 exemplaires à 39 euros, avec votre pré-achat, elle est belle votre politique culturelle ! Mon catalogue comporte une centaine de livres en numérique, une cinquantaine en papier, sans aucune aide quand l'argent coule à flot pour les notables.

4) Votre porte est ouverte ! C'est nouveau ! Je suis passé dans la catégorie des "recevables" ! Lors d'une de nos rencontres, dans un modeste salon du livre, vous m'aviez envoyé vers l'ADDA, où je fus très mal reçu. Maintenant que je suis traduit en anglais, allemand, espagnol, que j'ai publié plus de cent livres, il me suffirait de prendre la carte du PS ou du PRG, appeler à voter pour les notables, pour entrer dans votre Kulture ? Mais même avec une porte ouverte, je n'ai rien à faire dans votre bureau, Monsieur Amigues. Toutes les portes me furent fermées sous vos mandats, dans le département comme au CRL, comme dans la dépêche de votre ami Baylet, votre "contact lotois"... On n'aime pas les indépendants, dans cette région du clientélisme. Naturellement, vous pouviez penser dans les années 2000 que jamais les indignations d'un indépendant pourraient être entendues alors que "vous" possédiez tous les pouvoirs. [malgré une audience un peu plus élevée, je reste plutôt invisible]

5) Pensez-vous que monsieur Malvy Martin puisse rester président de notre région alors qu'il défend, dans son livre, la notion de clientélisme et la mémoire de son grand-père ? Avez-vous réclamé sa démission après lecture de ce livre ? [je doute que vous l'ayez lu ce livre, et naturellement votre dépêche n'a pas chroniqué *"Quand Martin Malvy publie un livre : questions de déontologie"* de... Stéphane Ternoise]

6) « *Si l'information n'est pas dans La Dépêche, elle n'existe pas, ce sont les avantages d'un monopole.* » Selon M. Jacques BRIAT, ancien député du Tarn-et-Garonne. Avez-vous demandé l'interdiction de tout flux d'argent entre des instances

représentatives et un quotidien dirigé par un homme politique élu ? Avez-vous dénoncé la manière dont cette Dépêche informe son lectorat des publications de l'auteur Malvy Martin et ignore celle de l'auteur Ternoise Stéphane.

7) Question de Patrimoine : quel maître-verrier a réalisé le portrait du vénérable désormais Saint Jean-Gabriel Perboyre pour l'église St Urcisse de Cahors ? Cette information pourtant intéressante pour de multiples raisons, madame Laure Courget, conservatrice en chef du patrimoine, directrice du service patrimoine de la ville de Cahors m'a confirmé qu'elle était inconnue début décembre 2013. Dans mon livre sur Jean-Gabriel Perboyre, le Saint et Marty du 11 septembre, réalisé sans aide, vous trouverez la réponse.

8) Un élu de la République m'écrivait début 2013 : « *Vous n'avez pas choisi la facilité et je ne suis pas surpris que ni M Malvy ni M Amigues ne vous aient répondu : ils ne s'intéressent qu'à ceux qui représentent un intérêt politique, ceux qui peuvent être des relais d'opinion.* » Même si depuis deux réponses me sont parvenues, il ne s'agissait que des non-réponses, des confirmations du mépris pour la profession libérale auteur-éditeur. Etes-vous surpris qu'un élu ait pu m'écrire ainsi alors qu'il vous côtoie ? Ces "gens qui vous connaissent" ne semblent pas tous vous apprécier (référence à votre lettre).

9) Vos tournures me rappellent celles de monsieur Maury Daniel. Il est vrai que maintenant vous êtes "de gauche" ! Question : après vos débuts notés (sur un document sûrement sérieux) "divers droites" sur des terres encore marquées par le Président Georges Pompidou puis votre étiquetage "divers gauches" quand PS et PRG se disputaient (dans le bureau de monsieur ou madame Baylet ?) le leadership départemental vous êtes passé à la casquette PS. Est-ce pour obtenir l'investiture en 2015 ou le fruit d'une évolution politique humaniste et tout le blabla encore servi par une gauche lotoise qui naturellement n'est plus clanique ni clientéliste ?

10) Jack-Alain Léger s'est suicidé le 17 juillet 2013 puis Pierre

Fabre est mort. Avez-vous été choqué que monsieur le Président de Région comme madame la ministre de la Culture ignorent l'écrivain et glorifient la grande fortune estampillée "Homme de culture" ? Dans mon "*Alertez Jack-Alain Léger !*" du 13 avril 2013 vous auriez découvert ou retrouvé son analyse « *Je n'étais d'aucune coterie, détestant ces douteuses solidarités fondées sur des affinités sexuelles, politiques ou alcooliques.* »

11) Informatique. Dès l'an 2000, mes premiers sites Internet, j'ai constaté le conservatisme des élus. J'ai même rapidement été viré du Rmi car mon projet Internet fut rejeté par le département (c'est peut-être ce que l'on retiendra de la période Miquel Gérard) Depuis cette période je demande une connexion à un débit correct. J'ai un contrat spécifié "haut débit" à 512k montant et 128 descendant ! Par une société bien gavée de subventions régionales et départementales. Elle est là, votre politique d'usage de l'Internet. Si tant de maisons sont à vendre depuis des années, l'absence d'un débit Internet décent n'y est pas étranger. Le Lot a raté le virage Internet. Vous considérez avoir pris les bonnes décisions ? Oui car les installés ont préservé leurs pouvoirs, ce qui semble être la ligne directrice de votre majorité ?

12) Culture, patrimoine, informatique. Vos responsabilités lotoises vous placent dans des domaines où vous ne pouvez me nier une certaine compétence. Dans d'autres domaines, il m'arrive d'entendre des critiques aussi fondées par des citoyens compétents. L'argent public se partage entre amis ! Certains, comme moi, dénoncent par écrits, d'autres n'ont qu'un bulletin de vote. Commencez-vous à prendre conscience que le vrai bilan de votre carrière politique (comme de celles de vos "camarades"), c'est l'inexorable montée du Front National et du Front de Gauche ? Commencez-vous à prendre conscience que les prétendus républicains ne parviendront plus à se maintenir sur le bateau des responsabilités avec le prétendu "Front républicain" ? En menant une politique pour les installés, contre toute initiative, vous vous êtes complètement coupés du "peuple de gauche." (le Front de Gauche ne commettra peut-être plus

l'erreur d'appeler à voter au second tour pour ce PS) Vous sentez-vous responsable, coupable, quand des gens de gauche préfèrent voter FN, parce qu'il leur semble que ce soit la seule solution pour se débarrasser de gens qui ont trahi les idéaux de la gauche pour une petite place dans l'oligarchie ?

Par fatalisme des gens finissent malgré tout par mettre un bulletin "de gauche" dans l'urne... mais l'Histoire devrait vous avoir appris qu'à force d'être humilié, le peuple finit toujours par se laisser entraîner dans l'extrémisme... nous en sommes là... Il vous faut un FN à 30% pour sortir de votre autosatisfaction ? (et même alors, vous appellerez au "vote républicain", demanderez aux électeurs de se ressaisir ?) Naturellement, vous pouvez balayer mes critiques en vous considérant habité par de louables convictions. Ou par pire que certains. Et là je vous l'accorde...

Veuillez agréer, monsieur le 6ème vice-président, mes salutations et inquiétudes républicaines.

Cette lettre fut bien réceptionnée au Conseil Général. Au 18 février 2015, aucune réponse. Ce qui ne me surprend guère. Ne pouvant rééditer sa missive du 13 mars 2013, soit il n'y en aura pas soit des arguments devront, malgré tout, être opposés.

Au sujet des élections cantonales 2008 j'ai trouvé dans leur dépêche : « *Gérard Amigues, 62 ans, PS. Le sortant. Ce serait son quatrième mandat. Et il l'affirme, le dernier. Ce médecin, proche du président du Conseil général Gérard Miquel, est aussi sur la liste de Joël Massabiel, candidat* [à] *la mairie de Limogne.* »

Il me faudra bientôt batailler avec son successeur ! Car effectivement, à 69 ans, un âge sympathique, il n'est pas candidat. Va-t-il écrire ? Et publier ? S'il publiait aux éditions Silvana Editoriale, quelle serait l'attitude des nouveaux élus ?

Le système (des éditeurs) tient grâce aux politiques

De grandes fortunes furent acquises sur le dos des écrivains. Risible Aurélie F. s'en prenant à Ernest Antoine Seillière et soutenant Antoine Gallimard. L'exploitation des mineurs et sidérurgistes de Lorraine la remue donc plus que celle des écrivains ? Ses indignations sélectives peuvent se comprendre, mais être ministre nécessite de s'intéresser au bien public, en dehors de vieilles rancunes familiales.

Sans les bourses et autres aides, le système s'effondrerait : les écrivains se couchent car « ils savent » qu'autrement ils n'accéderont jamais aux honneurs (je me fous de ces honneurs peu honorifiques) et aux largesses officielles, résidences, bons repas des salons et donc l'argent. L'écrivain a également besoin d'argent. Peu, dans mon cas. Mais un minimum, néanmoins.

Ils tiennent les écrivains par l'argent. Donc il faut vivre de peu et combattre leur système en expliquant le rôle peu glorieux tenu par nos valeureux politiques.

Le système tient grâce aux politiques... Ce sont bien les politiques qu'il faut renverser pour renverser les installés. Certains considèrent le FN seul capable de donner un grand coup de pied dans la fourmilière ainsi les moralisations "vous votez pour un parti extrême (ou raciste ou xénophobes)" apparaissent dérisoires, témoignent surtout d'une grande déconnexion du réel des belles âmes encore arc-boutées sur ces principes.

Dans le domaine culturel, gauche et droite avec les installés, l'oligarchie

Les éditeurs obtiennent des lois et de l'argent pour maintenir leurs privilèges. Gauche ou droite, peu importe : la puissance des lobbies dépasse les frontières politiques. Certes, à droite, Lionel Tardy dénonça, en vain, à l'Assemblée, un texte « *écrit par les éditeurs, pour les éditeurs* » lors de l'étude de la meilleure manière de subtiliser les droits numériques aux écrivains (loi 2012-287 du 1er mars 2012), comme son homologue socialiste, David Assouline, au Sénat, s'exclama, lors des débats sur le prix unique du livre numérique « *Il est incompréhensible que les éditeurs nous disent que, s'il y a une économie de coût, les auteurs n'ont pas à bénéficier d'une rémunération digne et équitable ! Là où le marché du livre numérique s'impose, les économies sont importantes.* »
Frédéric Mitterrand et Aurélie Filippetti : la même politique, au service des oligarchies, que ce soit en littérature, musique ou cinéma. Peut-être, finalement, peut-on appliquer le raisonnement à d'autres ministères. Quant à Fleur Pellerin, je doute mais j'attends...

Bien que me sentant plutôt de gauche, dans la France actuelle je ne suis ni de gauche ni de droite.
Si tu es un artiste, tu es de gauche ! Sinon tu es de droite et tu n'es pas un artiste ! Ce genre de raisonnement se rencontre encore ?
Jack Lang en 1981 : « *on vient de passer de l'ombre à la lumière* ». Le Bien est à gauche, le mal à droite. Il suffit de vivre dans le Lot pour sourire à cette affirmation. Je sais, les voisins du Tarn-et-Garonne me prétendent que nous ne devons pas nous plaindre ! (le FN y apparaît en mesure d'obtenir rapidement des élus ; entre PRG et FN, s'abstenir se comprend et la conviction que seul un séisme politique pourrait permettre de sortir du "système Baylet" semble progresser)

Un intellectuel est un observateur : libre. Vigie semble un terme correct. Et la gauche française ne porte plus les valeurs d'égalité, de dignité, d'intégrité pour lesquelles un écrivain pourrait la soutenir.

Être de gauche, c'est se partager les subventions et les postes ?

En 2002, fataliste j'ai voté Lionel Jospin puis tristement Jacques Chirac.

En 2007, j'ai voté François Bayrou. En 2012, le béarnais ne représentait plus une possibilité crédible : il a raté son quinquennat d'opposition, n'a pas su éviter le naufrage du Modem, devenu un UDF "moderne" où se sont installés des notables. Je ne pouvais pas choisir entre les deux anciens enfants de Neuilly. En 2017, je rêve d'un mouvement écologique... mais c'est une illusion, je le sais bien... Si j'en ai le temps, je la développerai !...

À trop écouter les plaintes des riches, François Hollande ne voit même pas sa politique ?

Les plus pauvres devraient se taire : ils ont gagné ! Nicolas Sarkozy fut battu, quel bonheur pour le peuple de gauche ! Maintenant, applaudissez.

Certes, Jean-Luc Mélanchon rappelle régulièrement son rôle dans la victoire de François Hollande. Mais cela ne semble pas entraîner de devoir pour l'ancien compagnon de Ségolène, qui peut penser que l'électorat a choisi au second tour sans se soucier de l'appel des battus du premier.

Maintenant choisissez ! Je suis l'alternance ! Vive l'alternance ! Et en 2017, comme Sylvia Pinel dans sa circonscription, comme Jacques Chirac en 2002, je serai la démocratie contre la menace FN…

Gérard Depardieu, de Belgique ou de Russie, souhaite incarner l'opposition à François Hollande. Gérard Depardieu l'opposition des riches, et moi celle des pauvres ! Certes, je n'ai guère d'illusions sur l'audience de ce livre ! Tout journaliste politiquement engagé ou dans un journal aux actionnaires politiquement engagés trouvera une bonne raison de ne pas relayer cette indignation ?

Une opposition de riches, oui ; celle d'un écrivain indépendant, non ! Quant à l'opposition républicaine, elle sait bien que mon analyse des oligarchies ne constitue pas un ralliement à ses ambitions. Qui pourrait porter politiquement ce combat démocratique ? Je ne suis certainement pas le seul à ne voir personne. Donc nous constatons l'inévitable montée des extrêmes. Alors, j'écris pour qui ? Pour la justice, l'Histoire.

Quant à FH, il prétend ne pas aimer les riches mais ne détesterait rien de plus que les sans-dents... Ce qui peut se comprendre dans une logique "romaine" où "les riches" constituent la partie haute de l'oligarchie, celle dont les privilèges doivent exaspérer le François sans capacité d'esbroufe. Quant aux sans-dents ils descendent des sous-citoyens de l'empire romains, ceux qui ne comptent pas, ceux dont la vie, le sort, ne comptent pas, même pour un stoïcien comme Sénèque. On peut comprendre que le FH ne s'intéresse qu'aux gens de "sa classe" donc il a dû mentir car dans notre putain de République les sans-dents votent également...

"Un autre monde est possible" ! Il existe un formidable potentiel de développement du livre numérique en France. L'échec le plus caricatural, nul n'en parle : *Alapage*, créé pour commercialiser du livre en papier, qui aurait pu devenir « l'Amazon français », mais son créateur préféra le vendre à *France-Telecom* qui voulut en faire une grande plate-forme généraliste de ventes ; *Rue du Commerce* profita de l'échec pour récupérer la structure… et la "ferma" rapidement. Alors qu'il s'agissait d'un site « idéal » pour le lancement en France du livre numérique.

Je pourrais écrire un texte sur les prérequis nécessaires à un véritable portail des ebooks francophones. Oui, je l'écrirai peut-être en 2015, si j'en ai la force et le temps. J'essayerai de présenter un nouveau métier « global » : auteur-éditeur-libraire. Oui, presque tout, sauf la distribution... et la gestion des ventes !

Sur le site de l'auteur-éditeur classique, se greffe une connexion au tuyau de l'ensemble des livres numériques. Chaque auteur-éditeur pourrait ainsi concurrencer Amazon ! Techniquement, c'est facilement réalisable... si les ventes sont gérées par « ce tuyau. » Mais cela nécessite une volonté d'ouvrir la distribution des ebooks. Pour l'instant, de manière empirique, sur http://www.ebooklibraire.com je commercialise via des liens d'affiliation Amazon.

Le projet consiste, naturellement, à proposer les livres sous l'ensemble des formats de lecture, au moins epub, pdf et Amazon. "Partout" des installés bloquent l'initiative, l'intelligence. Une révolution survient le plus souvent quand elle semble la seule solution. La guerre contre les enculés est déclarée. Même si elle est éclipsée par d'autres.

EDF, ERDF... le client a forcément tort !

C'est une "longue histoire", alors le 2 avril 2014, je l'ai résumée. Une lettre destinée à l'EDF mais naturellement sans grand espoir de réponse appropriée, une lettre destinée à être publiée. Ces gens-là comprenaient mon mécontentement et m'octroyaient un mirobolant "dédommagement"...

Le 14 mars 2014

Monsieur,

J'ai bien pris en compte votre courrier de réclamation et je comprends votre mécontentement.

Je vous renouvelle mes plus sincères excuses pour les désagréments que vous avez subis.

La situation que vous avez vécue ne correspond pas à la qualité de service que nous souhaitons pour nos clients. Ainsi, j'ai le plaisir de vous offrir 50.00 euros TTC qui figureront sur votre prochaine facture.

Souhaitant avoir su restaurer votre confiance, je reste à votre entière disposition du lundi au samedi de 8h à 21h au 09.69.39.33.07 (appel non surtaxé).

Je vous prie d'agréer, Monsieur, l'expression de mes meilleurs salutations.

Votre conseiller EDF
SB

Ils auraient pu pousser le mépris jusqu'à m'offrir un tee-shirt EDF... Le 2 avril 2014 j'écrivais... hésitant à dater du 1er.

EDF Service Clients
TSA 20012
41 975 Blois Cedex 9

Monsieur Henri PROGLIO,
Monsieur le Président-Directeur Général d'EDF,

Oh je le sais bien, je ne suis qu'un modeste abonné de base, même pas député ni ami d'un grand élu. Bien qu'il fut député du département voisin, je n'ai jamais côtoyé le frère de monsieur Antoine Cahuzac, le Directeur Général d'EDF Energies Nouvelles. Bref, j'écris à monsieur Henri PROGLIO, en en connaissant la raison que vous me permettrez de ne pas vous signaler, et en acceptant d'être lu et géré par un employé également de base !

Le 12 avril 2013, je vous ai écris. Un salarié EDF (non, surement ERDF...) m'a téléphoné. Il m'a demandé de patienter un an, afin de pouvoir obtenir un référentiel de consommations sur la période "suspecte", sur lequel vous baser. J'ai accepté.

Le 7 février 2014, faute de reprise de contact, considérant que vous aviez suffisamment d'éléments je vous ai réécrit. Vous apportant d'autres chiffres.

Le 20 mars 2014, une salariée d'ERDF m'a téléphoné. Vous lui aviez prétendument transmis uniquement une partie des éléments, sans le courrier du 7, alors envoyé à serviceclients-nordmidipyrenees@erdfdistribution.fr
Le 24 mars, ce document réceptionné, cette même personne m'a de nouveau téléphoné et après un baratin qui se voulait aimable et constatant effectivement un fort différentiel de consommation elle a prétendu que cela ne prouvait pas qu'il y avait eu un problème imputable à ERDF... et que j'aurais refusé un étalonnage gratuit du compteur alors que le salarié RTE passé le 14 mars 2013, après avoir chargé EDF en affirmant que vous vous comportiez "toujours ainsi" (voir mon courrier 2013) m'avait déconseillé un étalonnage qui me serait facturé "au moins 300 euros."

Le 14 mars 2014, "[mon] conseiller EDF", S. B., m'a envoyé deux lettres. La première (02121) où il a *le plaisir*" de "*m'offrir 50 euros TTC*" (sans préciser s'il s'agit de me rembourser les timbres), et la suivante (2123) où il a "*demandé au service concerné de [lui] fournir tous les éléments nécessaires au bon traitement de ma demande.*" Il ajoute qu'il ne manquera pas de me "*faire connaître [votre] réponse dans un délai de 30 jours*".

EDF, RTE, ERDF... J'ai bien compris qu'ainsi, en vous renvoyant la balle, en écrivant le moins possible, vous comptez sur l'usure du client...

Mais comment osez-vous me demander de patienter UN AN, pour ensuite me répondre que OUI IL Y BIEN EU UN DIFFERENTIEL DE CONSOMMATION... mais que j'aille me faire foutre (plus élégamment certes, mais avec un ton de voix qui pouvait laisser supposer ce mépris) ?

Bref, j'ai l'ensemble des courriers envoyés, vous également. Que le 14 mars 2014, M. S. B. en soit encore à rechercher "les éléments nécessaires" semble surprenant...

Dans l'attente d'une vraie proposition de régularisation, comme s'y engagea mon premier interlocuteur,

Veuillez agréer, Monsieur Henri PROGLIO, mes respectueuses salutations.

Le 14 mai 2014

Monsieur,

Par votre réclamation du 2 avril, vous nous demandez d'effectuer une nouvelle régularisation de votre consommation.

J'ai le regret de vous informer que nous ne pouvons donner une suite favorable à votre demande.

Le 14 mars 2013, un technicien s'est rendu à votre domicile pour contrôler le fonctionnement du compteur et n'a décelé aucune anomalie. Suite à cela, ERDF (Electricité Réseau Distribution de France) vous a proposé de mettre en place un étalonnage du compteur, en vous précisant que l'intervention vous serait facturée si aucun défaut n'était constaté. Vous n'avez pas souhaité continuer dans cette démarche. Le 24 mars 2014, ils vous ont de nouveau contacté en vous précisant qu'ils ne donneront pas de suite favorable à votre demande de régularisation, ayant refusé l'étalonnage.

Nous ne pouvons donc aller à l'encontre des décisions de ERDF.

Espérant avoir répondu au mieux à vos attentes et conserver votre confiance, je vous prie de recevoir, l'expression de mes meilleurs salutations.

M. C.
Responsable Service Clients

Quand une oligarchie gère sans vague un secteur : exemple de la chanson

La sacem... en dix-sept points

1) 2004, observations romancée

Dans "*la faute à Souchon ?*", le roman publié en 2004, un personnage, Marjorie, compositrice et interprète, s'exprimait sur la sacem. Naturellement, on peut considérer qu'il s'agit des pensées de l'auteur. Flaubert, à ma place, aurait sûrement concédé « Marjorie, c'est moi », comme madame Bovary c'était lui.

(En avril 2008, monsieur Francis Cabrel et monsieur Richard Seff ont mandaté un avocat pour mettre en œuvre la procédure de retrait, amiable ou judiciaire, du contenu de la page http://www.auto-edition.info/presentations.html, en ligne depuis le 5 mars 2005, version numérique du chapitre 21 de la première partie de ce roman).

20 : la sacem (précisions de Marjorie)

Il ne faut rien attendre de la sacem. J'avais une copine là-bas ! La situation est figée. La sacem n'est pas une société d'auteurs au service de la chanson mais une société au pouvoir confisqué par une minorité, l'oligarchie.
« Dans toute oligarchie se dissimule un constant appétit de tyrannie » (Nietzsche)
Le Conseil d'Administration n'est pas élu par les membres mais par les « membres professionnels ».
Et pour devenir membre professionnel, la barrière des revenus est placée suffisamment haute, et durant trois années consécutives en plus, afin que puissent le devenir uniquement les auteurs et compositeurs inféodés aux majors.
Les vrais patrons de la sacem : les majors ! Ce n'est pas pour leur talent si quelques auteux et compositeux sont aujourd'hui millionnaires mais parce qu'ils furent de la bonne écurie.

Dans cinquante ans les sommités de la sacem ne signifieront plus rien dans la culture française. Mais ce sont des notables, certains ont même pour cette unique raison la légion d'honneur, au moins « le mérite »...

Internet est la chance de la chanson. Mais il faudra retenir la parabole du Souchon : ne pas s'embourgeoiser, ne pas s'affadir en échange de quelques bienveillances et honneurs.

Envoyer des maquettes aux producteurs, c'est comme prendre un billet de loto. C'est attendre quelque chose du show-biz.

N'attendre rien. Faire, montrer et ne rien attendre. Si nos chansons sont bonnes elles finiront par être remarquées.

Avant, la solution c'était la scène.

Aujourd'hui, c'est internet. Je suis convertie !

Mais pouvons-nous TOUT dire ?

Si l'honnêteté règne dans le pays, un homme peut être audacieux dans ses actes et dans ses paroles mais si l'honnêteté n'existe plus, on sera audacieux dans les actes mais prudent dans les paroles (Confucius).

2) Sur la tarification des diffusions

En décembre 2005, dans *"Chansons trop éloignées des normes industrielles et autres Ternoise-non-autorisé",* le texte *"La sacem"* éclairait son fonctionnement et proposait une autre approche, naturellement jamais adoptée ni même discutée (une discussion sans en référer à l'auteur de la proposition semble improbable dans une société où le droit d'auteur prime)

La sacem

En l'an 2000, la diffusion de quelques titres me permettait d'entrer à la sacem... je payais donc le « droit d'inscription »... 665 francs (chèque 3034969 tiré le 1er mars)... et depuis à chaque répartition où quelques euros me sont dus, une cotisation (6 euros) est prélevée...

Aujourd'hui... j'hésiterais à devenir membre de la « société des auteurs compositeurs et éditeurs de musique »...

La sacem peut-elle encore nier toute responsabilité dans l'état de crétinerie insignifiante où patauge la chanson française ?

La sacem collecte les droits d'auteur... et a instauré des grilles de tarification pour la diffusion...

À première vue, le plus choquant est que *Skyrock* ou *NRJ* payent nettement moins que *France-Inter* pour une même diffusion et même audience... (ou le contraire)

Mais il y a pire : une véritable incitation à l'absence de diversité par l'application d'une règle bête et méchante du passage en caisse : peu importe le titre, peu importe s'il est déjà passé quinze fois dans la semaine, il sera facturé comme un inédit, suivant son temps de diffusion...

Alors qu'une incitation à la diversité aurait été simple à instaurer... et en plus compréhensible : si une chanson est entendue pour la vingtième fois dans la semaine, elle ne suscitera pas la même qualité d'écoute qu'une inédite (en considérant la musique comme autre chose qu'un bruit de fond).

Système Ternoise pour une tarification hebdomadaire : à chaque diffusion, le tarif sacem baisse de 5%...

Les radios ont intérêt à multi-diffuser pour obtenir un tarif allégé ? Non, car le montant global facturé sera calculé chaque fin de semaine, où le montant des droits obtenus par la diffusion (disons montant R à 80) est comparé au montant d'une tarification sans diminution du tarif pour multi-diffusion (disons montant B à 100).

Et le montant à payer sera :

Tarif B (100) + [Tarif B (100) - Tarif R (80)] soit 120.

80 seront reversés suivant la diffusion, tel que calculé par le Tarif R, et 40 alimenteront un fonds de diversité musicale reversé aux plus faibles répartitions des sociétaires au moins diffusés une fois...

Inacceptable ! Les décisions de la sacem ne sont pas l'émanation de la délibération des sociétaires mais proviennent du conseil d'administration où siègent... les membres professionnels et définitifs, une oligarchie.

Applaudir quand le conseil d'administration de la sacem baisse de 50% le minimum de droits nécessaires durant trois années consécutives pour accéder au statut de sociétaire professionnel ? Laurent Petitgirard, alors président de ce conseil, reconnaît que le montant « *avait depuis 1980 augmenté deux fois plus vite que les indices servant de référence à la revalorisation des salaires.* »

Une manière d'avouer que depuis des années des membres verrouillaient au maximum. Tout en prétendant agir pour le bien commun...

Face à un contexte mouvementé, la sacem se sent menacée, vient de prendre conscience de l'aberration d'ainsi se priver du potentiel de 100 000 membres ?

Hé oui ! On ne peut escompter un soutien, une action, tout en même temps méprisant ! La sacem a encore du chemin à parcourir...

Précision 2013 : quelques doutes sur la fiabilité du suivi de diffusion des oeuvres sur nos "grandes radios", n'ayant jamais obtenu de feuillet avec des revenus "sud-radio" malgré des passages. Quand Benjy Dotti utilise quelques-unes de mes parodies pour son spectacle du même nom (parodies !), par exemple quatre mois au Théâtre Le Temple de Paris ou, devant moi (donc en plus de mon nom sur l'affiche je possède l'enregistrement de prestations) à Rocamadour ou Montauban... aucun droit versé par la sacem ! Où est le problème ? Les déclarations ? L'absence de déclarations ?...

3) Réformer la sacem

Publié dans "*Global 2006*" (dépôt légal janvier 2007), page 217 et suivantes.

Réformer la sacem

En 1997, ma petite poésie me semble dans une impasse, et condamnée à l'éternel anonymat si elle ne prend pas rapidement les habits de la chanson. Comme au XVIIe siècle prédominait l'écriture théâtrale. En vivre pour continuer. Avancer aussi des réactions.

J'avais une vague, très vague idée, du fonctionnement de ce monde-là : ma connaissance se limitait aux émissions de Jean-Louis Foulquier sur *France-Inter* et à la rencontre d'un auteur - compositeur - interprète membre de la sacem, cinq ans plus tôt, à Arras, au temps de mes premiers textes poétiques.

« Une petite vedette régionale » : la trentaine, auréolé d'un 45 tours dans « une maison de disques »... je lui avais envoyé une présentation, il m'avait invité et nous avions passé l'après-midi à discuter puis quelques soirées au restaurant... je le croyais intéressé par ma poésie, pensais même qu'il se l'approprierait pour « un prochain album »... mais il ne tarda pas à déclarer ses véritables intentions : il souhaitait (tout simplement !) être ma « première expérience homosexuelle » ; mon refus catégorique stoppa nette cette « amitié naissante ».

En 1997, je vivais neuf cents kilomètres plus bas, dans le Lot... à une soixantaine de kilomètres d'Astaffort, village connu par son adjoint au maire aux attributions culturelles : Francis Cabrel... organisateur de « rencontres » dont Jean-Louis Foulquier s'était, un vendredi soir, voulu le VRP. Je jouais la « carte régionale » et fin février 1998, ma déjà vieille 205 s'arrêtait sur la place de l'office du tourisme, à quelques mètres du 1 rue du Plapier où le maître m'avait convoqué avec 19 autres sélectionnés pour les dixièmes rencontres. Une semaine pour créer un spectacle en première partie de Louis Chédid.

Là me fut inculquée l'impérieuse nécessité de devenir « membre de la sacem », donc de pouvoir présenter au moins cinq « œuvres » dont l'une pourra se prévaloir d'au moins cinq diffusions sur une période supérieure à six mois. Le représentant du Lot-et-Garonne de la sacem répondait à nos questions, une « abondante » documentation était à notre disposition. Et un « ancien haut dirigeant de la sacem », reconverti « formateur » était même descendu de Paris pour nous conseiller lors du repas du dimanche soir : Philippe Albaret, également responsable du « *chantier des francofolies de La Rochelle* »...

Devenu membre de la sacem, j'ai reçu et lu les statuts. Impression de malaise. Pourquoi, alors que la sacem communique sur le nombre de ses membres, cette distinction entre membres « de base », membres professionnels et membres définitifs ? Aux élections suivantes, du Conseil d'Administration, aucun bulletin dans ma boîte... devenir « sociétaire professionnel », c'est obtenir 16 voix à l'Assemblée générale... et recevoir les bulletins de vote, qui ne sont pas envoyés aux simples membres, qui peuvent se renseigner et se déplacer à Paris s'ils veulent la prise en considération de leur petite opinion ! Donc ma voix compte 16 fois moins et en plus tout est fait pour que je ne participe pas au suffrage. Pourquoi ?

Puis je me suis lancé sur internet : la sacem veut bien reconnaître son inquiétude... mais à cause du « téléchargement illégal », danger imminent pour les sociétaires en situation de perdre le fruit de leur travail... la sacem, « en toute logique », veut mobiliser ses troupes.

Si plus de 100 000 membres se « révoltaient », quel concert !... et la situation du hold-up permanent perdurerait !...

Car il ne s'agit naturellement pas, pour la direction de la sacem, de défendre 100 000 membres mais de maintenir la situation actuelle où quelques centaines de ces membres et autant de très bien payés s'engraissent. Frais généraux généreux, subventions, aides... à certains...

Quand la sacem annonce « le coût net de la gestion des droits en 2004 a été de 114 millions d'euros. Il est en légère progression et représente 15,7% des droits perçus » elle joue sur le concept de coût net en retirant des charges nettes les 30,3 millions d'euros de ressources financières et diverses qui proviennent principalement du placement des droits en attente de répartition (donc de l'argent des sociétaires).

Le coût réel « de la gestion » est bien de 144,7 millions d'euros (1648 collaborateurs au 31 décembre 2004) soit 19,92% des 726,5 millions d'euros collectés en 2004. Quand les œuvres de Ravel (décédé en 1937) tomberont dans le domaine public, de combien seront réduits les sommes collectées ? À quel pourcentage réel passeront les frais ?

Est-ce acceptable par les 109 000 sociétaires ? Ces 144,7 millions d'euros pourraient peut-être trouver une utilisation plus culturelle ?

Le danger d'internet pour la sacem, c'est l'information, la circulation de l'information. Que ceux qui savent, devinent, enquêtent, puissent s'exprimer... Alors la sacem cherche des « parades ».

Laurent Petitgirard, président du Conseil d'administration, débute, en avril 2004, son édito par :
« *En décembre 2003, le Conseil d'administration de la Sacem a décidé de baisser de 50% le « cens argent », c'est-à-dire le minimum de droits qu'il faut pour pouvoir accéder au statut de sociétaire professionnel, puis à celui de sociétaire définitif.* »
Explication très instructive :
« *Cette baisse n'a pas été décidée arbitrairement, le Conseil ayant constaté que le cens argent, indexé sur l'évolution de la répartition des droits, avait depuis 1980 augmenté deux fois plus vite que les indices servant de référence à la revalorisation des salaires.* »
On peut traduire par : depuis 1980, le conseil d'administration a réussi à limiter l'accès au statut de sociétaire professionnel, permettant ainsi à un petit groupe inféodé aux majors de diriger sans opposition notre noble institution.

Premières informations chiffrées sur le cercle restreint : « *Vous étiez en tout 116 lors de la promotion de 2003. Avec cette mesure, vous serez 760 en 2004, parmi lesquels 576 nouveaux sociétaires professionnels et 187 nouveaux sociétaires définitifs.* »

Mais le nombre total des sociétaires professionnels reste « un secret »... (demandé... aucune réponse) secret levé dans la même *LETTRE...* en juillet 2006 : « *1971 sociétaires professionnels et 1766 sociétaires définitifs* »*... en fin d'un article où le siège de Neuilly a accueilli* « *230 nouveaux sociétaires professionnels et 83 nouveaux sociétaires définitifs* », *la* « *promotion 2006.* »

576 sociétaires professionnels en 2004, 230 en 2006, on peut présager un nombre similaire en 2005, soit 576 + 230 + 230 = 1236, qu'il convient de retirer des 1971 sociétaires professionnels actuels, ce qui nous fait par extrapolation assez précise pour 2003 : 735 sociétaires professionnels ; par honnêteté intellectuelle, nous pouvons conserver les 1766 sociétaires définitifs, en considérant que les sociétaires définitifs 2006 étaient déjà au moins sociétaires professionnels en 2003.

Pour obtenir le chiffre des « vrais » membres sacem 2003, il convient donc d'ajouter 735 et 1766. Soit environ 2500.

[Parmi eux, j'en suis persuadé, certains ne soupçonnent même pas cette politique... ils créent]

« *Au début de l'année 2003, nous avons passé le cap des 100 000 sociétaires, pour terminer l'année autour de 105 000, parmi lesquels environ 90 000 auteurs et compositeurs vivants.* »

Laurent Petitgirard, toujours *La Lettre*, en janvier 2004.

Environ 2,5% des membres étaient considérés en 2003. Trois ans plus tard, le président du conseil d'administration a vraiment de quoi fanfaronner, en appeler à la mobilisation générale : environ 4% peuvent s'exprimer.

Une oligarchie dirige la sacem. Et la direction demande aux sous-membres de défendre la citadelle assiégée. Comme les nobles au pouvoir exigeaient du peuple qu'il verse son sang pour la patrie en danger.

Combien d'années les 100 000 membres méprisés accepteront encore de compter pour de la bouse de vache ?

« *Dans toute oligarchie se dissimule un constant appétit de tyrannie* » (Nietzsche)

[Même si je devenais « membre pro », il ne me viendrait pas à l'idée de perdre mon temps dans un Conseil d'Administration. Qui plus est à Paris !]

4) Pour l'auteur de chansons

Également dans *"Global 2006."*

Avant l'industrialisation de la chanson, le texte et la partition s'imprimaient, se vendaient aux particuliers et aux chanteurs des rues. Et chacun, ou presque, les reprenait. Ou non. Succès si rare. Peu importait l'interprète, la chanson c'était son auteur. Parfois accompagné d'un compositeur, le plus souvent rédigeant l'ensemble.
Sur l'actualité, de nombreux chansonniers réagissaient, utilisaient les airs les plus connus. Libelles d'une journée, d'un mois, rarement d'une décade.

Nullement « un âge d'or » pour l'auteur : son nom apparaissait mais l'éditeur s'octroyait la majorité des bénéfices ; il payait l'impression et contrôlait plus ou moins les réseaux de distribution.

L'industrialisation relégua les créateurs en simples fournisseurs de matières premières, utiles pour habiller les interprètes. Finalement, ils n'en furent pas chagrinés ! Ils perdaient le « premier rôle » mais les miettes devenaient plus importantes !
L'interprète devint une idole, à laquelle les industriels offrirent une plus grosse part de miettes.
Pour l'auteur, en vivre et être reconnu passa par la scène, souvent en contrariant sa nature (Brassens aurait préféré simplement écrire). Décennies où la chanson fut identifiée à l'auteur-compositeur-interprète, le plus souvent un « artiste » assez moyen dans les trois catégories mais suffisamment audacieux ou opportuniste pour tenir le rôle défini par les industriels. Rare fut l'exigence d'un Jacques Brel (il sut, qui plus est, s'entourer de compositeurs).

« Âge d'or » pour certains : des auteurs ont « fait fortune », en occupant parfois aussi des sièges dorés à Neuilly, à la sacem.

Internet, en présentant un peu partout les « paroles », témoigne du niveau où les couplets-refrains sont tombés ! Qui ne s'est jamais exclamé devant quelques lignes, « Je pourrais vraiment en faire autant ! » Les fournisseurs de matières premières sont devenus, eux aussi, le plus souvent, des industriels de la rime et servent leur guimauve à la tonne. Paroliers inféodés aux majors. Mais riches ! Les autres « n'existent pas » ! La sacem a su instaurer une technique limite pour les accepter comme membres et gérer la société au profit des inféodés aux majors : en inventant la notion de « membres professionnels » où le critère des droits touchés exclut tout auteur réellement indépendant. Et naturellement, les « éditeurs » ont conservé leur rôle historique de grands argentiers, en accaparant une bonne partie des « droits d'auteur ». Au départ, pour obtenir pareil avantage, ils effectuaient un travail de mise en relations entre créateurs.
L'éditeur est désormais le plus souvent une société de la même major que le producteur de l'interprète, une manière sans état d'âme ni masque de récupérer de l'argent. L'artiste, pour signer avec la major, se doit de signer un contrat d'édition (naturellement quelques exceptions).

Les « cerveaux disponibles », dupés quand ils n'avaient que radios et télévisions pour découvrir « les nouveautés », sont devenus internautes, surfent à peu près librement et les jours d'errance peuvent s'arrêter sur le site d'un auteur indépendant. Naturellement, la plupart du temps, ils découvrent des sous-tubes, par des auteurs indépendants du seul fait qu'ils n'ont pas réussi à séduire des industriels mais continuent à essayer ! On peut ainsi lire : « si un producteur passe ici, je suis disponible pour écrire tout texte du genre Obispo, Goldman, Cabrel... »

L'auteur n'avait donc JAMAIS pu vivre de son art en imposant simplement son style. Internet peut lui permettre d'exister vraiment : produire quatre albums fut ma décision musicale essentielle de l'année !

Elles chantent Ternoise, Ils chantent Ternoise, Pierre Galliez cante Ternoise, CD Sarkozy selon Ternoise. La critique d'auto-glorification et mégalomanie sera sûrement placée. Mais c'est « faire date », inscrire dans la matière la démarche d'auteur.

Internet, fusion de l'ensemble des médias, avec une diminution exponentielle du coût de fabrication permet d'aborder autrement chaque domaine (comme si, en 1970, chacun avait pu émettre sa chaîne de télévision, ou en 1981 sa radio). Nouvelle possibilité nullement CONTRE les autres créateurs, compositeurs et interprètes, mais AVEC. Nous avons la même ambition : vivre de nos créations. Nous sommes dans le même camp : forcément contre les structures parasites gloutonnes de la majorité des bénéfices du travail des créateurs. Exit majors, commerçants (car naturellement, même avant la disparition du CD, la chanson n'a plus besoin de ces vendeurs).

Pas forcément chacun dans son coin : des producteurs existeront toujours, regrouperont quelques artistes. Des structures artisanales, P.M.E. Une forme d'amicale ! Mais de qualité. Pas sur le modèle des collectifs actuels, plus clubs de poivrots ou fumeurs de joints. Un apport d'efficacités. J'apporterai textes et approche internet. Voix, compositeurs, arrangeurs, studio, bienvenus ! La fin des mastodontes. Inévitablement. Sauf s'ils parviennent à berner de nombreuses idoles en leur signant des contrats à vie !

[Cette évolution de l'univers musical, j'ai sûrement, en France, été le premier à la conceptualiser et tenter d'influer sur son déroulement.

Mais si j'étais arrivé « dans la chanson » dix, vingt ou trente ans plus tôt ? Aurais-je créé une structure indépendante ? Et donc connu « les difficultés » ! Aurais-je « simplement » publié ? Mais dans l'édition, mon indépendance aussi aurait été limitée par la technique. Aurais-je, finalement, tenté de séduire « une maison de disques » en pensant pouvoir, ensuite, « passer de vrais textes » ?

Répondre à ces hypothèses n'aurait pas grand sens. Nous sommes devant une nouvelle donne et les choix passés ne me

concernent pas ! Chacun a et avait sa propre problématique. Certains font et d'autres attendent que tout tombe du ciel. C'est sûrement une distinction au-delà des difficultés de chaque époque ; certains font semblant de faire, aussi...
Cdequitables.com et wproducteurs.com marqueront, en 2007, une nouvelle étape.]

2015 : que sont ces quatre projets devenus ? Le "*CD Sarkozy selon Ternoise*" fut lancé le jour de la Saint-Nicolas de décembre 2006 ; il contenait également "*Ségolène*", adaptation de "*Bécassine*" (Chantal Goya), ce qui sembla retenir la presse dite de gauche (Dominique Dhombres, un chroniqueur du *Monde*, quelques mois après la diffusion de l'information Ségolène-Bécassine prétendit même lancer le rapprochement, voir *Histoire d'une censure médiatique aux élections présidentielles 2007 : le CD Sarkozy*). Le tout sur www.cdsarkozy.com "*Ils chantent Ternoise, SAVOIRS*", fut produit en 2008. Absence totale de visibilité dans un univers contrôlé ! "*Pierre Galliez cante Ternoise*" n'existera pas, le compositeur-interprète, rattrapé par l'âge, a abandonné cet objectif et se consacre avec un talent certain à l'écriture de chansons pamphlétaires. Un album avec six interprètes, deux femmes et quatre hommes, "remplace" le "*Elles chantent Ternoise*" espéré. "*Vivre autrement (après les ruines)*" présenté le 22 mai 2013, un album une nouvelle fois très artisanal, avec un coût de production très faible, chaque interprète ayant accepté de se débrouiller pour enregistrer du mieux possible, en système D ou home-studio.
Réactions ? Un article dans "*le petit journal*" de Montauban, sans effet sur les ventes, malgré un avis très favorable « *Nous ne pouvons que vous conseiller ce splendide et bien plaisant album d'Auteur (...) une diversité surprenante que nous avons appréciée dans son ensemble tout en avouant avoir « craqué » indéniablement pour Magali Fortin et un sublime texte qu'elle interprète formidablement. « Vivre autrement » un album à écouter en boucle, sans hésitation aucune !... »* Et rien d'autres.

5) Richard Seff, candidat au conseil d'administration en 2008

De la même manière que c'est en période électorale, les élections régionales, qu'un avocat toulousain invoqua la contrefaçon du logo et de la marque de la région sur conseil-regional.info, un site critiquant naturellement la politique de monsieur Martin Malvy au sujet du livre, c'est en période d'élections à la sacem qu'un autre avocat toulousain m'écrivit le 15 avril 2008, en Lettre Recommandée, ès « *conseil de Messieurs Richard Seff et Francis Cabrel* » :

« *Ces derniers me font part du contenu du site Internet dont vous êtes l'auteur, plus spécifiquement du chapitre 21 intitulé « Présentations » du roman mis en ligne et dont vous êtes l'auteur intitulé « La faute à Souchon ? »*

L'analyse de ce chapitre révèle que celui-ci porte atteinte aux intérêts de Monsieur SEFF d'une part en ce qu'il recèle un caractère injurieux, fait prévu et réprimé par l'article 29 de la loi du 29 juillet 1881, d'autre part en qu'il constitue un [sic] atteinte au droit moral de Monsieur SEFF et plus spécifiquement au droit au respect de son œuvre dont jouit l'auteur, droit que prévu [sic] à l'article L. 121-1 du Code de la propriété intellectuelle.

Aussi par la présente, je vous demande et vous met en demeure, dans un délai de huit jours, de procéder au retrait de la page litigieuse du site Internet dont vous êtes l'auteur.

A défaut je vous précise que j'ai reçu mandat de mes clients de mettre en œuvre la procédure de retrait, amiable ou judicaire, de contenu illicite d'un site Internet en application des dispositions de la loi 2004-575 du 21 juin 2004.

(...) »

Que vient faire Francis Cabrel dans cette affaire ? Pas un mot à son sujet dans les explications. Chacun appréciera à sa manière !

Que vient faire la loi du 29 juillet 1881 ? Un moyen de pression pour un auteur censé ne pas connaître la loi ? Que vient faire le "contenu illicite" pour une œuvre publiée en 2004 et n'ayant suscité aucune procédure dans le délai légal ?

Je répondais. Par lettre recommandée et sur le site. Richard Seff était candidat au Conseil d'Administration, catégorie "auteurs." L'assemblée générale annuelle était convoquée le 17 juin 2008 à 14 heures 30, auditorium Debussy-Ravel, 225 avenue Charles De Gaulle, 92 200 Neuilly-sur-Seine. Dans sa présentation, Richard Seff notait « *Fondateur avec Francis Cabrel des Rencontres d'Astaffort et animateur de 1994 à 2001.* » Depuis, il siège dans cette vénérable assemblée, ce qui ne semble pas poser de problème à la sacem dans son financement des rencontres d'Astaffort.

Montcuq, le 25 avril 2008,

Cher maître,

Je vous remercie d'avoir trouvé le temps de m'informer que monsieur Francis Cabrel, chanteur de variété d'Astaffort en 1998 et monsieur Richard Seff parolier de Toulouse en 1998, avaient trouvé le temps de lire, au moins partiellement, le roman *La Faute à Souchon ?*, publié en août 2004, dont la version numérique est présente sur le net depuis le 5 mars 2005.

Naturellement, cher maître, ma réponse ne va pas vous surprendre : j'imagine que vous avez prévenu vos clients du grotesque de leur exigence (ou alors, leur notoriété vous a retenu ?)

Cette exigence de retirer d'un site internet, sans fondement juridique, un chapitre d'un roman publié depuis presque quatre ans, restera dans l'Histoire d'Internet.

Je me souviens très bien d'avoir écrit et publié ce livre.

Comme vous l'avez remarqué, le chapitre 21 de la première partie (intitulée *Vraie Rencontre*) est le monologue intérieur d'un auteur retenu aux rencontres d'Astaffort par Francis Cabrel et Richard Seff. Projetant d'écrire un roman sur le show-biz à la française, en digne descendant de Zola, j'avais mené une minutieuse enquête, au point de proposer des bafouilles qui me suffirent pour être retenu comme auteur à ces rencontres, en 1998, où j'ai pu constater le peu d'estime porté par les auteurs compositeurs et interprètes présents pour Richard Seff et à un degré moindre pour Francis Cabrel. Les pensées de l'auteur, dans ce chapitre 21, qui semblent irriter vos clients, représentent une forte atténuation des propos tenus à Astaffort lors de mon enquête. Monsieur Seff pense-t-il vraiment qu'il avait écrit, en 1998, des paroles susceptibles de lui valoir la consécration des siècles futurs ?

MM Francis Cabrel et Richard Seff ne peuvent ignorer que les scènes situées à Astaffort sont le fruit de ma minutieuse enquête : ils m'ont sélectionné à leurs rencontres et je suis resté NEUF JOURS à Astaffort. Séjour certes difficile tant ce milieu est éloigné de ma vérité profonde.

Naturellement, j'ignore ce que sont devenues ces personnes. Monsieur Francis Cabrel continue-t-il à chanter ? Monsieur Richard Seff à exercer sa profession de parolier ? Si c'est le cas, je leur souhaite naturellement d'avoir progressé tout en doutant, en recevant une telle grotesque demande, qu'ils aient trouvé la voie de la sérénité. Car c'était bien le sujet du roman, le fossé entre ce show-biz et la Voie. Je doute donc qu'ils aient lu ce livre en intégralité (lisent-ils sur le net ? Ont-ils acheté ce roman ?)

Bref, en leur nom, vous invoquez l'article 29 de la loi du 29 juillet 1881. Votre compétence étant sûrement reconnue jusqu'au pays d'Isabelle Boulay (si vous ignorez de qui il s'agit, demandez à madame Francis Cabrel, je les ai croisées à Astaffort), vous n'êtes pas sans ignorer que cet argument est irrecevable.

L'article 29 de la loi du 29 juillet 1881 dispose que :

« *Toute allégation ou imputation d'un fait qui porte atteinte à l'honneur ou à la considération de la personne ou du corps auquel le fait est imputé est une diffamation. La publication directe ou par voie de reproduction de cette allégation ou de cette imputation est punissable, même si elle est faite sous forme dubitative ou si elle vise une personne ou un corps non expressément nommés, mais dont l'identification est rendue possible par les termes des discours, cris, menaces, écrits ou imprimés, placards ou affiches incriminés. »*

Je ne commenterai pas cette affirmation de messieurs Seff et Cabrel, n'ayant pas de temps à perdre, préférant laisser l'Histoire juger et sourire, et laissant ces vénérables messieurs face à leur conscience mais vous confirme ne pas ignorer que « *l'action publique et l'action civile résultant des crimes, délits et contraventions prévus par la présente loi se prescriront après trois mois révolus, à compter du jour où ils auront été commis ou du jour du dernier acte d'instruction ou de poursuite s'il en a été fait.* »

Naturellement, vous ne pouviez l'ignorer, et le fait de vous y être référé sera sûrement apprécié par les personnes qui ont peut-être des illusions.

Le fait d'utiliser un argument dont on sait pertinemment l'inapplicabilité est de plus en plus fréquent...

Vous invoquez ensuite l'article L. 121-1. « *L'auteur jouit du droit au respect de son nom, de sa qualité et de son œuvre. Ce droit est attaché à sa personne. Il est perpétuel, inaliénable et imprescriptible. Il est transmissible à cause de mort aux héritiers de l'auteur. L'exercice peut être conféré à un tiers en vertu de dispositions testamentaires.* »

Si monsieur Richard Seff avait, en 1998, présenté une œuvre digne de Jacques Brel, il aurait effectivement pu être déçu de ne pas être encensé mais même les auteurs d'œuvres majeures n'échappent pas à la critique.

Il vous suffit d'ouvrir la presse pour trouver des critiques plus acerbes sur des créateurs dont l'œuvre est objectivement supérieure à celle de monsieur Richard Seff en 1998.

Le dialogue intérieur de l'auteur est un extrait d'une œuvre littéraire, roman se situant dans un contexte existant. Tout auteur est sujet à la critique. Quand elle est fondée, plutôt qu'essayer par des moyens risibles d'essayer de la rendre invisible, il ferait mieux de répondre en progressant.

Si vous souhaitez contester la liberté de critique en France, commencez donc par le blog de votre collègue, maître Philippe Bilger (dont je vous conseille de toute manière la lecture et à vos clients de même), avocat général près de la cour d'appel de Paris.

Messieurs Francis Cabrel et Richard Seff viennent, par cette demande, de montrer une très intéressante facette de leur personnalité et c'est peut-être ce qui restera d'eux dans l'Histoire.

Si monsieur Francis Cabrel et monsieur Richard Seff s'intéressent réellement à mes écrits (et non pas à ce qu'ils trouvent sur eux en lançant une requête sur gofrance.fr) ils connaissent mes réflexions sur les exigences d'autocensures présentées par des notables, sommités, entreprises qui pensent pouvoir obtenir, avec leur argent, un web conforme à leur dossier de presse. Mais il existe des Hommes libres. *Serait-il impossible de vivre debout*, chantait Jacques Brel.

Naturellement, monsieur Francis Cabrel et monsieur Richard Seff, s'ils mesurent le grotesque de la demande qu'ils vont ont prié d'effectuer, peuvent m'envoyer une lettre d'excuse. Je leur adresse ma plus profonde compassion.

Et c'est justement parce que je suis celui qui analyse l'autocensure sur internet, que je vais m'autocensurer, me coucher devant messieurs Cabrel et Seff, « *procéder au retrait de la page* » que vous osez qualifier de « *litigieuse.* » La remplacer par cette lettre. Et attendre ! Vont-ils, maintenant, messieurs Cabrel et Seff, exiger un grand autodafé du roman *La faute à Souchon ?*

C'est TOUT CE QU'ILS VOUDRONT (référence à une chanson d'Alain Souchon). Mais là, à deux conditions : que l'autodafé se déroule devant chez monsieur Cabrel, à Astaffort, et en direct sur TF1 (avec la présence des pompiers payés par monsieur Cabrel dont la fortune doit permettre une telle fête : j'accepte même qu'elle se déroule un soir où il n'y a pas de football à la télé).

Veuillez agréer, cher Maître, mes respectueuses salutations.

6) Changer la sacem de l'intérieur ? Candidat en 2009

Je décidais donc d'être candidat l'année suivante. Mais le conseil d'administration m'étant fermé pour cause de non appartenance à l'oligarchie, il ne me restait que la *Commission prévue à l'Article R. 321-6-3 du Code de la Propriété Intellectuelle.*

Décret numéro 2001-334 du 17 avril 2001 portant modification de la partie Réglementaire du code de la propriété intellectuelle et relatif au contrôle des sociétés de perception et de répartition des droits

« Art. R. 321-6-3. - L'associé auquel est opposé un refus de communication peut saisir une commission spéciale composée d'au moins cinq associés élus par l'assemblée générale parmi ceux qui ne détiennent aucun mandat social.
« Les avis de cette commission sont motivés. Ils sont notifiés au demandeur et aux organes de direction de la société.

« La commission rend compte annuellement de son activité à l'assemblée générale. Son rapport est communiqué au ministre chargé de la culture ainsi qu'au président de la commission prévue à l'article L. 321-13.

Ce qui devait me permettre une présentation dans la revue éditée par la sacem pour ces élections. Enfin l'opportunité de m'adresser aux membres... certes seulement ceux qui recevront ce document !... Je n'hésitais pas à provoquer dans ma lettre de candidature :

Monsieur Laurent Petitgirard
Président du Conseil d'Administration SACEM
255 Avenue Charles De Gaulle
92 528 Neuilly-sur-Seine Cedex

Objet : candidature à la commission prévue à l'article R.321-6-3 du Code de la propriété intellectuelle

Monsieur le Président du Conseil d'Administration,

Je fais par la présence **acte de candidature à la commission prévue à l'article R.321-6-3 du Code de la propriété intellectuelle.** Je suis membre de la sacem (carte numéro 15------- compte 7-----) et ne détiens aucun mandat social. Je présente cette candidature sous le nom de **Stéphane TERNOISE**, qui est mon pseudonyme officiel (sur carte d'identité) et aussi mon nouveau « nom de compte sacem », acte pour lequel j'ai payé 66 euros. **Si une adresse postale doit être communiquée : Jean-Luc Petit – BP 17 – 46800 Montcuq.**

J'ai bien noté que la sacem étant statutairement une oligarchie, les membres ordinaires (par opposition à l'oligarchie) ne recevront pas de bulletin de vote et leur voix sera limitée à une voix s'ils entreprennent les démarches pour participer au vote, leur voix est limitée à une voix, ce qui serait logique si les membres de l'oligarchie (ainsi nommés les membres dits sociétaires définitifs ou sociétaires professionnels) ne possédaient pas plus d'une voix.

Je vous prie de me confirmer ma candidature et suis curieux de voir comment vont se dérouler ces élections. Naturellement, je ne manquerai pas d'en informer les membres de la sacem qui suivent mes chroniques sur internet.

Veuillez agréer, monsieur le Président du Conseil d'Administration, mes montcuquoises salutations.
STEPHANE TERNOISE, parfois auteur de chansons, écrivain non subventionné.

Une réponse, par lettre, de Sylvain Lebel stoppait une partie de cette ambition,

Mon Cher Confrère,

Les membres du Conseil d'administration ont pris acte de votre candidature à la Commission prévue à l'Article R. 321-6-3 du Code de la Propriété Intellectuelle en qualité d'auteur dans le cadre des élections qui seront organisées lors de la prochaine Assemblée Générale du 16 juin 2009.

Prenant connaissance des termes du curriculum vitae que vous nous avez adressé, les membres du Conseil d'administration ont considéré que ceux-ci n'étaient pas conformes à la décision du Bureau du Conseil d'administration du 2 décembre 2003, dont Madame Chantal ROMANET, Responsable du Service des Affaires Sociales, vous avait communiqué la teneur en date du 18 mars dernier.

En effet, les notices biographiques des candidats au Conseil d'administration et aux Commissions statutaires sont limitées à 200 mots au maximum ce qui implique qu'elles ne sauraient renvoyer à un ou plusieurs sites internet.
Il convient donc de retirer de votre curriculum vitae toutes les adresses internet qui y figurent. Nous avons procédé à ces retraits et vous trouverez, ci-joint, le texte qui en résulte.
Vous préférerez peut-être rédiger un texte différent, bien entendu dans le strict respect des termes de la décision du Bureau du Conseil d'administration de décembre 2003 dont je vous joins, à toutes fins utiles, un exemplaire.
Faute d'une réponse de votre part avant le 17 avril, c'est le texte corrigé, joint en annexe à la présente, qui sera publié.

Je vous prie d'agréer, Mon Cher Confrère, l'expression de mes sentiments distingués.

Sylvain LEBEL.

Que note le Bureau du Conseil d'administration du 2 décembre 2003 au sujet des adresses Internet ?

SOCIÉTÉ DES AUTEURS, COMPOSITEURS ET ÉDITEURS DE MUSIQUE

Décision du Bureau du Conseil d'administration du 2 décembre 2003

Le Bureau décide que :

- Les notices biographiques des candidats au Conseil d'administration ou aux Commissions statutaires seront limitées à 200 mots au maximum.

- Le contenu et la rédaction de chaque notice seront établis par le candidat concerné, et sous sa responsabilité.

- Les notices devront présenter un caractère strictement professionnel, et ne devront pas comporter de propos contraires aux intérêts de la société, d'allégations diffamatoires, injurieuses ou inexactes, d'indication de nature confessionnelle ou politique, et de profession de foi ou de programme électoral.

- La conformité des notices biographiques des candidats avec les dispositions qui précèdent sera vérifiée par le Conseil d'administration, lequel pourra d'office supprimer les mentions non conformes aux dispositions ci-dessus.

Il s'agit donc d'une "libre interprétation" de cette décision ! Aucune décision d'exclusion des adresses de sites internet dans la décision du Bureau du Conseil d'administration du 2 décembre 2003 !
Naturellement, je ne suis pas élu. En 2010, j'ai retenté. Cette fois sans spécifier de nom de domaine mais avec des titres de chansons déposées, qui furent supprimées également ! (oligarchie.fr étant le titre d'une chanson, suppression sans même une lettre de monsieur Lebel)

143

7) Ils soutiennent logiquement les industriels

En 2009, je continuais le combat également au niveau de l'information, en février dans une chronique intitulée « *SACEM : ils soutiennent logiquement les industriels* », et faxée au directeur de la rédaction de nombreux quotidiens, mensuels et même *Médiapart* et *Rue89* durant le semestre. Naturellement, par rapport aux documents précédents, vous subirez des "*redites*".

SACEM : ils soutiennent logiquement les industriels

De Stéphane Ternoise
http://www.journaliste.me

Qui comprend vraiment le rôle et les objectifs de la sacem ?
La sacem... Plus de 120 000 membres appelés à soutenir « *le texte du projet de loi Création et Internet.* » Il en allait de « *l'avenir de notre profession* » !... suivant les mails envoyés par notre vénérable institution de Neuilly... « *la mobilisation de tous les acteurs de la filière musicale (...) est vitale pour stopper l'hémorragie économique et sociale provoquée par le téléchargement illégal.* »
Et ce serait le paradis !
« *Par l'adoption de la loi Création et Internet, une chance nous sera donc donnée de ne plus subir Internet comme un danger, mais de l'utiliser pour promouvoir les nouveaux modèles économiques dans un cadre plus équitable.* »
Quand Bernard Miyet, président du Directoire de la sacem, ose le terme équitable, les membres doivent l'acclamer ?... Ou enfin oser écrire la réalité sur notre sacem, oligarchie d'inféodés aux majors ?

Laurent Petitgirard, président du Conseil d'administration, débutait en avril 2004 son édito de *LA LETTRE* (de la sacem) par : « *En décembre 2003, le Conseil d'administration de la Sacem a décidé de baisser de 50% le « cens argent », c'est-à-*

dire le minimum de droits qu'il faut pour pouvoir accéder au statut de sociétaire professionnel, puis à celui de sociétaire définitif. »

Explication très instructive : « *Cette baisse n'a pas été décidée arbitrairement, le Conseil ayant constaté que le cens argent, indexé sur l'évolution de la répartition des droits, avait depuis 1980 augmenté deux fois plus vite que les indices servant de référence à la revalorisation des salaires.* » Le conseil a pris le temps pour constater !

On peut traduire par : depuis des décennies, le conseil d'administration limitait au maximum l'accès au statut de sociétaire professionnel (en exigeant des revenus quasiment impossibles à atteindre sans travailler pour les majors), permettant à un petit groupe inféodé aux majors de diriger sans opposition notre vén(ér)a(b)le institution.

Devenir « sociétaire professionnel », c'est obtenir 16 voix à l'Assemblée générale, être éligible… et recevoir les bulletins de vote, pouvoir voter par correspondance… quand les simples membres doivent s'informer et se déplacer à Neuilly s'ils veulent que leur petite et unique voix soit comptabilisée.

Membre de la sacem depuis l'an 2000, j'obtenais alors mes premières informations sur le cercle restreint : « *Vous étiez en tout 116 lors de la promotion de 2003. Avec cette mesure, vous serez 760 en 2004, parmi lesquels 576 nouveaux sociétaires professionnels et 187 nouveaux sociétaires définitifs* ».

Mais le nombre total des oligarques reste « un secret »… levé dans la même LETTRE, en juillet 2006 : « *1971 sociétaires professionnels et 1766 sociétaires définitifs* »… en fin d'un article où le siège de Neuilly a accueilli la « *promotion 2006* », soit « *230 nouveaux sociétaires professionnels et 83 nouveaux sociétaires définitifs.* »

576 sociétaires professionnels en 2004, 230 en 2006, on peut présager un nombre similaire en 2005, soit 576 + 230 + 230 = 1236, qu'il convient de retirer des 1971 sociétaires professionnels, ce qui nous donne par extrapolation assez précise

pour 2003 : 735 sociétaires professionnels ; nous pouvons conserver les 1766 sociétaires définitifs, en considérant que les sociétaires définitifs 2006 étaient déjà au moins sociétaires professionnels en 2003.

Pour obtenir le véritable chiffre des membres qui comptaient à la sacem avant la petite ouverture, il convient donc d'ajouter 1236 et 1766. Soit environ 3000. Le passage à environ 4000 n'y change pas grand chose : une oligarchie dirige la sacem et la politique du Conseil d'Administration vise naturellement au maintien des privilèges de ces sommités. Les autres sont priés de signer des pétitions quand l'ancien maire de Neuilly souhaite se proclamer du côté des créateurs même si Carla Bruni adore être « *téléportée.* »

Les élections au Conseil d'Administration sont toujours l'occasion d'un grand bluff de communication : seul le nombre de voix obtenu est noté… le nombre de votants n'apparaît jamais. Ainsi en 2008, Richard Seff, catégorie auteur, fut élu avec 9871 voix. Ce qui, en appliquant la règle des 16 voix par oligarque, peut représenter moins de 650 électeurs… sur plus de 120 000 membres !… Quelle crédibilité pour parler en notre nom !… Et un éditeur fut encore plus mal élu, avec 7429 voix (Christian de Ronseray).

Jamais la sacem n'a vu en Internet la chance historique pour les créateurs de se libérer de l'emprise des marchands, des majors, des vendeurs…

Finalement, pour notre sacem, ce serait un moindre mal, le remplacement des vendeurs physiques par des vendeurs numériques… avec toujours les mêmes têtes de gondoles : peu importe l'éclosion de quelques stars via le net, elles sont rapidement aspirées par « le système » (pitoyable constat : à peine « découverts », les « jeunes artistes » s'empressent de se lier à une major !), l'essentiel est préservé : la prééminence des mastodontes sur les créateurs.

La *dernière lettre de la sacem* est significative du modèle économique souhaité (« *équitable* » !) : sur un téléchargement légal, la sacem redistribue 7 centimes aux auteurs compositeurs éditeurs…

Alors qu'un autre modèle économique était (est encore ?) possible : le téléchargement via le site de l'artiste avec répartition instantanée des sommes payées… Rien qu'une année de l'enveloppe « soutien culturel » de la sacem aurait suffi à développer un logiciel sécurisé… Mais l'enveloppe « soutien culturel », prélevée sur l'ensemble des membres, revient aux projets estampillés « utiles »… Presque un épiphénomène comparé aux conséquences de la politique générale de la sacem.

Stéphane Ternoise - http://www.auteur.pro

8) Faire rire et réfléchir

En janvier 2010, fut déposé à la sacem le sketch intitulé "*44 472 733 inscrits*".

44 472 733 inscrits

Aux élections présidentielles d'avril et mai 2007, nos listes électorales comptaient 44 472 733 inscrits.
Chacun avait, naturellement, une voix. Nous sommes presque dans l'obligation d'ajouter naturellement, pour signaler cette égalité un ou une inscrit, une voix.

Nul ne doute que, la France recelant de nombreux chanteurs engagés, des auteurs compositeurs interprètes louangés pour leur grandeur d'âme et leur sens civique, nos Renaud, Souchon, Cabrel, Bruel, Carla Bruni et les autres n'hésiteraient pas à mettre leur vie en jeu pour oser chanter, défier le pouvoir, si un jour la loi électorale venait à changer. Même si elle changeait au Chili, il devrait se trouver en France des chanteurs assez courageux pour hurler leur indéfectible soutien à la démocratie.

Imaginez que sur plus de 44 millions d'électrices et électeurs, un million cinq cent mille, les 3 % les plus riches, aient droit à 16 voix par votes. Quant aux 43 millions insuffisamment fortunés, ils auraient, quand même, droit à leur petite voix par membre de cette grande communauté.

Qui plus est, dans cette élection nouvelle formule de notre président de la République, les un million cinq cent mille membres de l'oligarchie, les 3 % pourvus de 16 voix par nez, recevraient les bulletins de vote chez eux, avec la possibilité de voter par correspondance.

Quant aux citoyens de seconde zone, ils devraient d'abord, par tout moyen à leur convenance, s'informer de la date de l'élection et se rendre à Neuilly, par tout moyen à leur convenance, et là y déposer un bulletin dans l'urne. A voté !

Vous me direz, il y aurait une révolte des 43 millions d'électeurs qui se mobiliseraient car leurs voix cumulées dépassent, malgré tout, 16 fois un million cinq cent mille, donc ils peuvent prendre le pouvoir, rétablir ou établir la démocratie. Pas fou les oligarques : pour être candidat à la présidence de la république, il faudrait être membre de l'oligarchie.

Nos chanteurs en perdraient la voix, devant une pareille confiscation de la démocratie ?

Pourtant, nous ne les entendons jamais, nos chanteurs millionnaires, dénoncer le fonctionnement de la sacem où une oligarchie d'environ 3% des membres, a ainsi confisqué le pouvoir lors de l'élection de son Conseil d'Administration qui définit la politique de la maison, qui se fait naturellement au mieux des intérêts des 120 000 membres, nous n'en doutons pas ! Comme toutes les dictatures l'ont affirmé, les oligarchies sont éclairées. Et tout déviant prétendant le contraire doit être rééduqué !

Dans "Le magazine des sociétaires Sacem mai-août 2012" je souris en lisant une grande publicité :

« Certaines élections ne font pas autant
de bruit que les autres.
Elles n'en sont pas moins importantes...

L'assemblée générale annuelle de la Sacem a lieu le mardi 19 juin 2012 à 14 h 30
au siège de la Sacem, 225 avenue Charles-de-Gaulle, à Neuilly-sur-Seine. »

9) Oligarchie.fr

En février 2010, Oligarchie.fr donc, un texte de chanson déposé à notre vénérable sacem avant les élections annuelles.

Je venais de réussir à obtenir le site www.oligarchie.fr, non renouvelé par son précédent propriétaire.

Oligarchie.fr

Quelque part entre démocratie et monarchie
Quelques privilégiés se sont tout approprié

Oligarchie

Parfois même dans notre pays elle s'épanouie
La souveraineté à une minorité

Oligarchie

Il faut nous croire tous atteints d'une sévère myopie
On ne sait plus analyser la réalité

Oligarchie

Nos chanteurs engagés vont la mettre en charpie
Sauf si leur intérêt dépasse leur intégrité

Oligarchie

Les dynasties acceptent quelques beaux assujettis
Tout régime a besoin de crétins récompensés

Oligarchie
Oligarchie

10) oligarchie.org

En juin 2010, pour oligarchie.org, j'ai repris le texte de 2008 :

La sacem, un fonctionnement en question : 120 000 membres mais un Conseil d'administration représentant d'une oligarchie.

Malgré la mise en place du vote électronique pour l'assemblée générale annuelle 2010 de la sacem, rien n'a changé : présentation d'une oligarchie : la sacem...

Malheureusement, ni oligarchie.fr ni oligarchie.org ne semblent intéresser les médias, et même les membres de la sacem. Je crois qu'un aquabonisme profond gangrène ce pays ! Certes, peut-être le calme avant la tempête. Un minuscule élément peut déclencher un véritable mouvement, qui s'appuierait alors, peut-être, sur certaines de ces analyses. D'où l'importance, malgré l'absence de réactions, de continuer, d'approfondir le sujet...

11) Subventionner : censure déguisée

Subventionner : censure déguisée

Bien plus subtil que la censure
Tenez-les par le bout du nez
Suffit d'les subventionner
Et ils raseront les murs

En haut de l'affiche
Des subventionnés
Des petits caniches
Ovationnés
Les insoumis à la niche
Personne vous connaît
Ma chanson ils s'en fichent
Elle sera pas diffusée

Même le président d'une région
Celui d'un Conseil Général

150

Financent quelques festivals
Distribuent des subventions

Quand il faut plaire aux extrêmes
Les installés ont leurs rebelles
Ils se gavent à la gamelle
Et bavent contre le système

En haut de l'affiche
Des subventionnés
Des petits caniches
Ovationnés
Les insoumis à la niche
Personne vous connaît
Ma chanson ils s'en fichent
Elle sera pas diffusée

Pour décerner les subventions
Bien sûr il faut du personnel
C'est au budget culturel
Qu'les amis émargeront
Bien plus subtil que la censure
Tenez-les par le bout du nez
Suffit d'les subventionner
Et ils raseront les murs

En haut de l'affiche
Des subventionnés
Des petits caniches
Ovationnés
Les insoumis à la niche
Personne vous connaît
Ma chanson ils s'en fichent
Elle sera pas diffusée

Un texte également publié dans "*Chansons trop éloignées des normes industrielles et autres Ternoise-non-autorisé*", suivi d'un court commentaire :

L'époque est à l'information des consommateurs : logos et inscriptions légales se multiplient.

Je préconise la création d'un « attention, ce produit est issu de la Kulture subventionnée. »

Les amis de vos amis, et ainsi tout s'ensuit, peuvent si les mails s'en mêlent, être avertis avant la nuit de la censure qui avant, c'est sûr, serait restée étouffée au moins des années.

La « société traditionnelle du comptoir » méprise l'indépendance : on se doit d'être « tous ensemble ». Et qui ne marche pas derrière la banderole sera vilipendé d'égoïste : « il se prend pour qui »…

Il leur reste le pouvoir d'insulter ! Comprendre comment des êtres en sont arrivés à passer chaque jour au « rendez-vous des amis » permet de se détacher totalement de tout vent mauvais parvenant parfois (ils savent maintenant utiliser les e-mails !).

Les êtres de réflexions sont minoritaires et même quand ils publient, ils doivent savoir qu'au mieux une infime partie de la population sera réceptive.

Comprendre le monde permet d'éviter déceptions et chagrins.

12) Argent... d'un modeste membre

Ce détour par la sacem ne vous semblait pas nécessaire ?

J'ai reçu début janvier mon relevé de compte sociétaire, la 621e répartition, du 04.01.2013, avec un solde antérieur à 0 euro.

Au crédit :

Téléchargement fichiers musicaux France	10,37	
Téléchargement fichiers musicaux Etranger	0,05	(Italie et Belgique)
Régularisation déduction forfait TVA	0,08	
Au débit :		
Cotisation SACEM	8,00	
Cotisation Agessa Formation	0,04	

Cotisation Assurance Maladie	0,09
Prélèvement CSG non déductible	0,24
Prélèvement CRDS 0.5%	0,05
Prélèvement CSG Déductible	0.52

Il reste donc en solde 1,46 euro.
En bas de page : solde non réglé – s'ajoutera à votre prochaine répartition.

Rarement l'une de mes répartitions atteint les 25 euros qui déclenchent le paiement (si 25 euros constitue toujours le minimum), ainsi à chaque répartition, la "cotisation sacem" grignote le peu de droits des modestes auteurs... Etonnant, non ? C'est légal, c'est une décision du Conseil d'Administration, celui des membres de l'oligarchie, naturellement une oligarchie éclairée pour laquelle les idiots utiles devraient se mobiliser quand elle craint pour ses avantages et son système.

Naturellement, dans cette répartition ne figure toujours aucun droit d'un humoriste qui utilisa mes textes. Je reste en contact épisodique et emaillaire avec un salarié de la sacem, à ce sujet. Sur les trois lieux de représentation notés, pour l'instant, une réponse : celle de Montauban n'existe plus.
Une lettre postale m'est également parvenue à ce sujet en juin 2012 :

Cher sociétaire,

Suite à votre mail de septembre 2011, nous sommes intervenus auprès des délégations concernées pour leur demander d'effectuer les vérifications nécessaires.
Or, l'une des délégations nous a fait part de recherches infructueuses quant aux spectacles de Montauban et Rocamadour, c'est pourquoi nous poursuivons les recherches.
La recherche des éléments utiles à l'instruction de votre dossier demande un délai supplémentaire.
Pour autant, nous mettons tout en œuvre pour le traiter dans les meilleurs délais et y apporter une réponse...

Les frais élevés de la sacem sont également justifiés par le travail de contrôle de la société. Il semble cependant que des spectacles puissent ne pas être déclarés. Ou déclarés avec d'autres titres que ceux réellement interprétés ?

Naturellement, les auteurs se retrouvent dans une délicate situation, quand ils doivent dénoncer des interprètes par qui passent leur possibilité d'exister sur scène. J'ai noté trois lieux, Montauban et Rocamadour car j'y ai assisté, avec enregistrement artisanal des interprétations de mes textes et Paris car l'humoriste resta quatre mois dans cette salle. Il présenta naturellement ce spectacle avec mon nom sur les affiches dans bien d'autres villes. Je n'ai pas participé à l'écriture de son nouveau spectacle. Comme n'avaient pas participé à l'écriture du spectacle dans lequel figuraient mes textes, les auteurs de son précédent show. Etonnant non, résumerait peut-être monsieur Desproges.

13) Le salaire du patron

Le salaire de monsieur Bernard Miyet semble déjà oublié ! Puisqu'il est parti ! Son successeur ayant accepté le poste à des conditions moins avantageuses, circulez y a rien à renifler !

Bernard Miyet est arrivé à la Sacem le 5 octobre 2000, comme Vice-président du directoire, et il fut naturellement élu Président du directoire au 1er février 2001, réélu trois fois jusqu'en fin juin 2012. Ce devait être 2013, ce fut 2012. Peut-être parce que les vagues de son salaire montaient trop haut.

En 2010, son salaire était sorti dans les médias à 600 000 euros par an, suite à un travail de la Cour des comptes. Il choqua même des parlementaires.

Dans "*Main basse sur la musique*", publié en 2003 chez Calmann-Lévy, Irène Inchauspé et Rémi Bedeau, journalistes (Le

Point, Le Figaro), racontent son arrivée en remplacement du grand maître durant quatre décennies, Jean-Loup Tournier, dont un récapitulatif (décembre 1998) annuel du bulletin paie est détaillé, à 425 000 euros. Selon les auteurs, qui spécifient leur source, un entretien avec M. Miyet le 19 décembre 2001. Ce dernier aurait demandé le salaire de son prédécesseur, qui fut considéré comme l'as de l'obscurantisme ! J'ai lu son *"vivre de sa musique à la sacem"*, oeuvre que l'on peut qualifier d'hagiographique et sans réel intérêt (lecture néanmoins indispensable à qui souhaite comprendre la manière dont la sacem est devenue cette oligarchie à la dérive). Apprécions, de 2006, un magnifique « *...le fameux réseau dit Internet, véritable apprenti sorcier de la reproduction et de la diffusion des oeuvres sans ordre ni contrôle jusqu'à présent, dans notre domaine. Il s'agit de la plus remarquable machine à violer les droits des créateurs qu'on ait jamais conçue, qui permet à tout un chacun de se transformer en pirate, grand bénéficiaire de la contrefaçon des disques ou autres supports d'oeuvres sonores et audiovisuelles.* » Quant à la plus remarquable machine à voler les créateurs, monsieur Tournier, avez-vous un nom ? La grande crainte du potentat fut une nationalisation mitterrandienne et il pestait contre « *certains dirigistes, avides de tutelle, contrôle ou autres contraintes* » pour finalement dénoncer la mise en place du « *contrôle aussi astreignant qu'inutile et coûteux.* » Je parlerais plutôt d'un contrôle insuffisant, laxiste, trop peu contraignant. Une dernière belle phrase : « *Pierre Delanoë, sans doute l'auteur de chansons contemporaines le plus talentueux et productif connu en France.* »

La section syndicale CFDT de la Sacem livra sa petite analyse en novembre 2011 :

« *A défaut d'être parvenu à soulever un semblant d'enthousiasme, le passage de Bernard MIYET aura parfois donné l'illusion d'un halo protecteur. Pur mirage. La Sacem qu'il s'apprête à quitter au terme de cette longue décennie se retrouve fragilisée, déprimée et contestée comme jamais. Des trois défis majeurs qui se dressaient devant lui (la transparence des fonctionnements, la modernisation des outils et le virage d'Internet), il n'aura su en relever aucun. De sorte que le discours lénifiant qu'il nous a déroulé en boucle, année après année, apparaît cruellement pour ce qu'il était vraiment : du vent !*

Pour autant, ces années décevantes ne sont pas, loin s'en faut, le fait du seul Bernard MIYET. Par ses aveuglements, ses inconséquences et ses arrogances, l'équipe dirigeante en place porte une lourde responsabilité dans la décadence en marche. Sans autre ambition que de préserver ses pouvoirs et ses privilèges, sans autre projet que de se survivre, elle pilote à la petite semaine une entreprise qui doute de tout, à commencer d'elle-même. Seul le profond attachement des salariés à leur entreprise et leur loyauté jamais démentie à l'égard des auteurs ont permis de conserver encore la tête hors de l'eau. Mais pour combien de temps encore...? »

http://cfdt.sacem.free.fr/site/actupdf/Actu201111.pdf

L'hommage de Laurent Petitgirard, président du Conseil d'administration, membre de l'Institut avait déjà été à minima dans le Magsacem : *« Bernard Miyet, président du directoire, qui aura dirigé notre société avec talent pendant près de douze années. »* Un peu tard, tout cela !

Le Conseil d'administration de la Sacem du jeudi 17 novembre 2011 "a désigné" Jean-Noël Tronc pour succéder à Bernard Miyet. Oui, je place des guillemets pour "a désigné." Car je m'interroge !

Jean-Noël Tronc ? 43 ans, diplômé de l'Institut d'Etudes Politiques de Paris et de l'ESSEC. Un brillant homme ayant débuté auprès du Vice-président de la Commission économique du Parlement Européen, qu'on retrouve ensuite ingénieur-conseil chez Accenture de 1993 à 1995, puis chargé de mission au

Commissariat général du Plan de 1995 à 1997, Conseiller pour les technologies et la société de l'information auprès du Premier ministre (Lionel Jospin) de 1997 à 2002. Quand le candidat presque socialiste échoue à la dernière marche, il devient Directeur de la stratégie et de la marque Orange puis Directeur général d'Orange France, de 2002 à 2007, avant un détour chez Canal Plus Overseas, Président-directeur général. Ce parcours peut mettre en évidence des liens très étroits entre la politique, le public et de grands groupes du privé. Non ? Conclusion inopinée ? J'ajoute néanmoins : oligarchie.

Un article de latribune.fr (Sandrine Bajos) du lendemain titre toujours "*Un proche de François Hollande à la tête de la Sacem.*"

« *Jean-Noël Tronc, ancien conseiller Internet de Lionel Jospin, ancien directeur général d'Orange, est nommé numéro un de la Sacem. Il remplace Bernard Miyet dont la gestion était critiquée et prendra ses fonctions au plus tard en juin 2012.*

(...)

La gestion de Bernard Miyet avait été épinglée au grand jour en avril 2010, à la suite de la publication d'un rapport d'une commission rattachée à la Cour des comptes. Ce dernier dénonçait alors les salaires pratiqués à la Sacem et surtout ceux des dirigeants. Et en particulier celui du président qui touche, selon nos informations, près 750.000 euros par an.

(...)

Toujours dans le souci de redorer l'image de la Sacem et "afin de simplifier son organisation et son fonctionnement", le conseil a modifié les statuts de la société de gestion de droits. Jean-Noël Tronc est ainsi nommé directeur général de la Sacem.

(...)

Un proche de François Hollande

Sans emploi depuis qu'il avait quitté il y a pratiquement un an la présidence de Canal + Overseas, filiale du groupe Canal+ en charge de l'international et de l'Outremer français, Jean-Noël Tronc n'est pas resté inactif pour autant. Homme de gauche et proche depuis longtemps de François Hollande, il a occasionnellement conseillé le candidat socialiste sur les questions médias et Internet. »

http://www.latribune.fr/technos-medias/medias/20111118trib000665319/un-proche-de-francois-hollande-a-la-tete-de-la-sacem.html

Le 30 août 2012, *capital* : *« Salaires rebondis (49.000 euros brut annuels en moyenne, sur quatorze mois), primes en pagaille, régime de retraite mirobolant, jours fériés « rattrapés » lorsqu'ils tombent un week-end, accord d'intéressement exorbitant, frais souvent remboursés sans notes, sans parler de la garantie de l'emploi et des neuf semaines de congé... Et la direction n'est pas la dernière à se servir. Comme l'a révélé la Cour des comptes, le précédent patron, Bernard Miyet, était payé 750.000 euros par an, et ses dix principaux cadres 266.000 euros en moyenne. Grâce à quoi cette noble maison engloutit aujourd'hui 20% de ses recettes en frais de gestion – et non 15%, comme tente de le laisser croire Jean-Noël Tronc.*

(...)

Jean-Noël Tronc a en effet exigé un salaire de 400.000 euros par an, pratiquement le même que celui du patron de la SNCF. « Depuis 2003, les revenus des sociétaires ont baissé de plus de 25%, j'entends donner l'exemple », serine-t-il cependant sur l'air du pipeau. »

http://www.capital.fr/enquetes/hommes-et-affaires/le-nouveau-patron-de-la-sacem-est-la-bete-noire-des-petits-commercants-751921

Quel fut le salaire de Bernard Miyet ? 425 000 euros en 2001 ? Combien en 2010 ? 600 000 ? 750 000 euros. Les membres du Conseil d'Administration doivent le savoir !

Dix ans après son départ, Jean-Noël Tronc reviendrait donc à un salaire exorbitant du niveau de Jean-Loup Tournier. Est-ce satisfaisant ? Acceptable ?

400 000 euros, soit 50 000 fois les désormais 8 euros de "cotisation sacem." Oui, il semble possible de payer le patron sur les insignifiants de mon genre !

Le problème de la sacem, ce n'est même pas le salaire du patron, si excessif soit-il, mais la confiscation du pouvoir par une minorité qui tient ainsi le Conseil d'Administration, oriente la politique de la société, dont les règles de répartitions, les subventions et naturellement le salaire du patron ! Tout est lié...

La sacem, où l'exemple de l'échec de la gestion collective...

14) La gestion collective...

Dénoncer "la gestion collective", seuls les méchants capitalistes s'y oseraient ! La gestion collective, c'est le "tous ensemble" qui permet aux artistes d'être entendus... D'ailleurs « *la gestion collective obligatoire est un recours imparable, mais elle ne sera pas mise en place avant 2012-2013...* » Une confidence de Vianney de la Boulaye, directeur juridique de *Hachette Livre*, en décembre 2010, au sujet des difficultés à obtenir les droits numériques des auteurs. Naturellement, c'est un recours imparable pour permettre aux auteurs de tirer le meilleur profit possible de leurs œuvres, le groupe Lagardère étant un bienfaiteur de la culture française...

Hé oui, on met tous les auteurs dans le même panier, quelques oligarques venus d'autres oligarchies les représentent et rapidement la nouvelle société s'inscrit dans l'oligarchie globale, parfois même "oublie" le collectif de son ambition initialement prétendue, pour défendre les intérêts de l'oligarchie, qui conforte ainsi sa mainmise sur l'ensemble de la société. Et comme parfois les oligarques se sentent menacés, par Google, Amazon ou Itunes, ils peuvent demander aux membres de base leur signature ou leur présence dans un cortège. « *Manipulation des foules* » chante Gérard Manset… [il ne s'agit nullement de caricaturer en un quelconque "big brother" tirant les ficelles mais de constater le résultat d'une dérive sûrement fondamentalement inhérente à la nature humaine où une minorité qui arrive à se penser nettement supérieure aux autres essaye d'asseoir sa domination, d'où la nécessaire régulation démocratique. C'est bien à un détournement de démocratie que nous assistons, l'alternance Nicolas Sarkozy - François Hollande en étant un flagrant exemple politique. Faire tomber l'oligarchie de la sacem serait un acte révolutionnaire ! Noble ambition à mettre en chansons !]

Pourquoi, alors que nous sommes beaucoup plus nombreux (salut monsieur Coluche) laissons-nous faire ? Le premier qui ose dénoncer, s'indigner, est black-listé. Un créateur sans média est invisible. Un créateur dont les portes se ferment systématiquement devant le nez, se retrouve… oui, avec le « nez cassé » ! Mais les médias sont naturellement indépendants des oligarchies ! (non ce n'est sûrement pas le titre d'une chronique de Valérie T dans le *Paris-Match* de cette semaine) En êtes-vous certain ? Au delà des cas flagrants de contrôle capitalistique, la publicité convertit bien des tentatives généreuses, et le temps, les relations, se chargent du reste. Avec le temps, va… On finit par ressembler au milieu que l'on côtoie, on prend le cœur de la fonction, mi aigri mi fataliste. Comment croire en l'indépendance de journalistes qui voyagent régulièrement avec un président ? Pas seulement à Moscou mais également à Paris ! De nombreux journalistes voudraient bien envoyer un coup de pied dans la fourmilière mais comme le résumait Daniel Carton « *il faut bien bouffer !* »
Les oligarques nous tiennent en nous laissant espérer qu'un jour nous réussirons à entrer dans le cercle restreint. Mais combien de ceux maintenus dans l'ombre ne voient jamais le soleil ?

Il reste toujours l'espoir qu'un texte constitue l'élément déclencheur. Un jour un journaliste osera donner de l'audience à ce genre d'analyse, il y gagnera la rancune de quelques grandes fortunes mais également une notoriété qui le mettra à l'abri, un peu. Les "médias sociaux" peuvent également s'emballer sur un rien. Et il existe des fluctuations historiques : l'impossible le devient, il est évident que quelque chose va se passer. Mon problème, c'est de tenir jusqu'à cette période où mes écrits seront suffisamment lus pour me permettre d'en vivre décemment. Vincent Van Gogh aurait sûrement apprécié de connaître le triomphe de ses "croutes".

Une analyse d'Emmanuel Todd, notée du 15 août 2012, résume la situation : « *La vérité de cette période n'est pas que l'État est impuissant, mais qu'il est au service de l'oligarchie* » Désormais à la une de l'ignoré oligarchie.fr

Et comme l'écrivait Dominique Wolton dans marianne.net le 14 Décembre 2012 « *Si les journalistes sont de moins en moins crédibles, c'est parce qu'il existe une oligarchie médiatique qui ne représente ni l'opinion, ni la société, mais elle-même, et qui vit en symbiose avec l'élite politique.* »

J'espère, j'attends donc, un sursaut des politiques et des journalistes.

Est-ce utopie d'espérer que ce texte puisse y contribuer ?

Dominique Wolton ajoutait des phrases que je peux également reprendre à mon compte : « *Ma démarche ne s'inscrit pas contre les journalistes, comme je l'écris depuis longtemps. Dans un univers saturé d'informations, ce sont des intermédiaires indispensables. Mais pourquoi ce milieu composé de gens intelligents est-il en train de basculer ? Pourquoi cette oligarchie n'entend-elle rien ?* »

Il distinguait « *trois groupes : l'« élite», l'oligarchie des éditorialistes et des dirigeants, qui remplace de plus en plus une élite intellectuelle, culturelle et universitaire déclassée depuis presque quarante ans. La classe moyenne des journalistes, majoritaire, de plus en plus intéressante, qui porte un regard critique sur l'oligarchie, mais n'ose pas l'affronter. Enfin, la troisième classe, les jeunes, en partie précarisés, qui sont souvent sur les réseaux. Ils veulent s'en sortir, mais manquent pour beaucoup de réflexion critique et s'imaginent qu'avec Internet, un nouveau monde s'offre à eux !"* »

Comment remplacer cette gestion collective ? M. Tournier redouta une nationalisation... L'informatisation de l'ensemble des flux permet d'envisager une gestion publique simplifiée des droits, en service universel. Naturellement, il ne s'agirait pas d'une gestion collective obligatoire mais d'une délégation de collecte des droits. Aucune nationalisation même : ce service public devrait permettre aux sociétés comme la sacem de s'éteindre faute de sociétaires ! Je doute que M. François Hollande ait cette grande ambition ! Je la lance donc pour 2017.

15) La sacem en 2013

La page *"La Sacem en chiffres"* ne regorge pas d'informations !

En 2012 :

- 145 000 sociétaires (dont 17 750 de nationalité étrangère)
- 62 millions d'oeuvres du répertoire mondial représentées
- plus d'1,1 million d'oeuvres (françaises et étrangères) déposées au répertoire
- 802,6 M€ de revenus collectés

En 2011 :

- 649,8 M€ répartis aux ayants droit (collectés en 2010 et 2011 - hors action culturelle)
- 18,4 M€ consacrés au soutien du spectacle vivant, de la création et de la formation dans tous les genres musicaux

Et c'est tout !
Combien de "grands électeurs" ? Nécessité de fouiner...

Juillet 2006 : « *1971 sociétaires professionnels et 1766 sociétaires définitifs* » : 3737.
En 2006 là il y avait eu 230 nouveaux sociétaires professionnels et 83 nouveaux sociétaires définitifs.

Sachant que le sociétaire définitif doit passer par la case "sociétaire professionnel".

Les dernières informations sur le sujet figurent dans le numéro 81 de Magsacem, mai-août 2011 : « *Admis à la Sacem, les adhérents peuvent devenir sociétaires professionnels (deux mille deux cent cinquante-cinq actuellement), puis sociétaires définitifs (deux mille soixante-six), dès lors qu'ils remplissent les conditions de droits (« seuils ») pendant trois années consécutives sur les quatre dernières années précédant leur promotion. « La promotion de cette année compte deux cent quatre-vingt-dix sociétaires », indique Thierry Jotterand. Chaque année, ces nouveaux promus sont invités au siège de la Sacem pour participer à des rencontres ou à des « cérémonies » organisées en lien, là encore, avec le département de la communication.* »

Disons donc, vers avril 2011 : « *2255 sociétaires professionnels et 2066 sociétaires définitifs* » : 4321.

En 2014, ont-ils fêté le 5 000 oligarques ? Non communiqué !
Soyons discrets...
La croissance du nombre de membres est naturellement plus importante que celle des oligarques.

Moins de 5 000 sur 145 000. Même pas 3,5%. Ce chiffre justifie bien l'utilisation du terme oligarchie, qui ne me fut jamais contesté, même quand il jaillit à la face de notre président (du Conseil d'Administration) en 2009.

Laurent Petitgirard, président du Conseil d'administration de la Sacem, dans le dernier magsacem (janvier 2013) "*le magazine des sociétaires sacem*", après avoir débuté son édito par « *Les remous de « l'affaire Depardieu » ont fait ressurgir toutes sortes de rancœurs, de confusions ou d'extrapolations qui appellent un éclairage serein. Gérard Depardieu, figure exceptionnelle de notre cinéma, a été pris dans une tourmente et on ne peut que déplorer avoir vu de hauts responsables politiques souffler sur les braises, au lieu de chercher à éteindre l'incendie. Dans la foulée, tous les clichés sur les gains des acteurs ou des auteurs sont revenus à la surface.* » Dans une approche très sacem d'en haut donc. Il nous informe : « *en 2011, 48 811 sociétaires Sacem ont touché des droits, pour une moyenne de 4 527 euros (elle était de 4 682 euros en 2009), que seuls 3 000 d'entre eux ont dépassé l'équivalent du smic annuel et que pour beaucoup de ceux qui ont touché moins, cet argent est essentiel (sont exclus de ces chiffres les droits des éditeurs ainsi que ceux reversés aux auteurs étrangers, par le biais de leur société de gestion collective).* » (*Numéro 86, janvier-avril 2013*)

Le chiffre de 3 000 doit être rapproché de l'approximation d'environ 5 000 oligarques. Certains le sont devenus mais n'ont pas réussi à maintenir leurs revenus...

Le numéro 85, septembre décembre 2012, nous accordait un chiffre au sujet des élections. Comme d'habitude avec la communication sacem, ça se veut très optimiste mais une lecture édifiante est permise :
« *Pour la troisième année, les sociétaires ont pu s'exprimer en ligne du 22 mai au 18 juin. Le succès de ce mode de scrutin ne s'est pas démenti, avec plus de 750 votes électroniques supplémentaires par rapport à 2011. Tous modes de vote confondus (par correspondance, sur place et en ligne), 3 344 membres se sont exprimés, dont 77,5 % via Internet. À cette occasion, un tiers des membres ont été élus au conseil d'administration et une partie des membres des Commissions ont été renouvelées (Commission des programmes, Commission des comptes et de surveillance et Commission prévue à l'article R. 321-6-3 du code de la propriété intellectuelle.* » 3 344 membres se sont exprimés ! Hourra !
On ne peut donc pas dire que seuls les 3 000 membres dont les revenus dépassent le smic votent !

Dans ce même numéro, Jean-Noël Tronc, après trois mois à la Sacem, analysait : « *À la différence du cinéma ou de la presse, par exemple, les gens connaissent très mal la manière dont fonctionne le secteur de la musique, et les clichés tiennent souvent lieu d'opinion quand on parle de la musique, du droit d'auteur ou de la gestion collective.* » Hé bien, je vais essayer de participer à la meilleure connaissance du grand public. M'en remercierez-vous ?

De cette interview je dois vous recopier : « *Pour expliquer notre fonctionnement et la philosophie de nos statuts, j'utilise souvent l'image d'une « coopérative ouvrière », qui vit pour et par ses sociétaires, au service desquels je suis moi-même, comme tous nos salariés, et non l'inverse. Notre Conseil d'administration et nos commissions statutaires, qui se réunissent plusieurs fois par mois, sont le garant de cet intérêt général.* »

L'intérêt général de l'oligarchie aurait sûrement fait désordre dans la bouche du nouveau patron !

Retournant sur le site de la sacem, sur mon espace membre, je décidais de présenter une nouvelle fois ma candidature, un soir, comme ça ! Naturellement, pas au Conseil d'Administration, toujours fermé aux simples membres.

Assemblée générale 2013 - Mode d'emploi

Pour exprimer votre voix, trois modes de vote :

- En ligne : du 17 mai 9h au 17 juin 12h.
- Par correspondance : pour les sociétaires professionnels et définitifs jusqu'au 17 juin à 12h au plus tard (voir les modalités indiquées dans la convocation).
- Sur place : le 18 juin, au siège social de la Sacem.

Conseil d'Administration de la SACEM
255 Avenue Charles De Gaulle
92 528 Neuilly-sur-Seine Cedex

Le 4 mars 2013

Objet : candidature à la Commission prévue à l'article R. 321-6-3 du CPI

Monsieur le Président du Conseil d'Administration,

Je fais par la présence **acte de candidature à la commission prévue à l'article R.321-6-3 du Code de la propriété intellectuelle.** Je suis membre de la sacem catégorie AUTEUR (carte numéro -------- compte ------) et ne détiens aucun mandat social.

Je présente cette candidature sous le nom de **Stéphane TERNOISE**, qui est mon pseudonyme officiel (sur carte d'identité et également mon « nom de compte sacem »).

Si une adresse postale doit être communiquée : Jean-Luc Petit – BP 17 – 46800 Montcuq.

Je vous prie de me confirmer ma candidature.

Présentation officielle ci-dessous. Adresse mail pour échanges : -------@autoproduction.info

Veuillez agréer, monsieur le Président du Conseil d'Administration, mes cordiales salutations.

STEPHANE TERNOISE

Présentation Stéphane Ternoise en 200 mots:
« Après avoir conceptualisé la transformation du monde culturel grâce à Internet durant une décennie, Stéphane Ternoise est devenu, avec l'arrivée de l'ebook, l'écrivain de la révolution numérique en France.

Ses romans (principalement "*le roman du show-biz et de la sagesse*" sur l'univers musical et "*peut-être un roman autobiographique*") ont enfin trouvé un réel public.

Ses essais, pièces de théâtre, livres d'art, comme textes de chansons, sont sortis de l'anonymat. Ses photos témoignent d'un monde qui disparaît, la campagne lotoise, le Quercy.

Dans le domaine de la chanson, après "*Savoirs*", totalement ignoré par les médias, il a autoproduit début 2013 "*vivre autrement*" (*après les ruines*), un album d'auteur, vraiment indépendant, avec six interprètes. Ces albums s'inscrivent dans la volonté de l'écrivain d'une œuvre protéiforme en dehors des exigences contemporaines.

Stéphane Ternoise se considère auteur de chanson et non parolier, simple facette d'une vie d'écrivain où romans, essais et théâtre priment.

Constatant qu'un artiste indépendant ne peut plus vivre en France, il a choisi, pour continuer d'écrire, de s'exiler en Afrique, cette année, après la sortie, dans une perspective stendhalienne du "billet de loterie", de son sixième roman et d'un essai racontant ses deux décennies de lutte pour une indépendance réelle. »

"*La Faute à Souchon ?*" dont doit se souvenir au moins l'un des membres du Conseil d'Administration, fut publié en numérique sous le titre "*Le roman du show-biz et de la sagesse.*" Passera-t-il l'épreuve de la censure ? C'est le grand enjeu ! Rendez-vous sur http://www.candidat.info !

Providentielle candidature ! La décision du Bureau du Conseil d'administration de décembre 2003 me fut ainsi de nouveau communiquée... avec, en dessous :

« *Décision du Conseil d'administration du 18 février 2010*

En complément de la décision prise par le Bureau du Conseil d'administration du 2 décembre 2003, le Conseil d'administration décide que :

les notices biographiques des candidats ne devront contenir aucune référence à des liens internet, à défaut ces liens internet seront systématiquement retirés, avant publication des biographies. »

Je comprends donc pourquoi, en l'an 2010, lors de ma deuxième candidate, monsieur Sylvain LEBEL ne m'adressa pas cette décision ! Il se souvenait très bien avoir utilisé une explication irrecevable pour supprimer mes adresses Internet l'année précédente ! Cette partie administrative fut réalisée en 2013 par madame Arlette Tabart et l'envoi des documents par la responsable du Service des Affaires Sociales.

La décision du Conseil d'administration du 18 février 2010 pourrait donc s'appeler "article anti Ternoise" qui me fut donc appliqué rétroactivement dès 2009 !

Pour rappel, monsieur Sylvain LEBEL notait en 2009 « *En effet, les notices biographiques des candidats au Conseil d'administration et aux Commissions statutaires sont limitées à 200 mots au maximum ce qui implique qu'elles ne sauraient renvoyer à un ou plusieurs sites internet.*
Il convient donc de retirer de votre curriculum vitae toutes les adresses internet qui y figurent. Nous avons procédé à ces retraits et vous trouverez, ci-joint, le texte qui en résulte.
Vous préférerez peut-être rédiger un texte différent, bien entendu dans le strict respect des termes de la décision du Bureau du Conseil d'administration de décembre 2003 dont je vous joins, à toutes fins utiles, un exemplaire. »
Et j'en avais conclu que cette décision de décembre 2003 n'excluait nullement des références aux sites Internet.

Quant aux statuts, j'en ai naturellement consulté la dernière version, celle en ligne... On ne sait jamais !?

Article 7 : Le capital social est divisé en parts égales qui sont attribuées aux Membres à raison d'une par personne, physique ou morale, quelles que soient sa ou ses catégories (auteur, auteur-réalisateur, compositeur, éditeur), ou sa qualité (Adhérent, Stagiaire*, Sociétaire professionnel, Sociétaire définitif) et dont chacune ouvre droit à une voix en Assemblée générale.
Les héritiers, légataires et cessionnaires de l'associé décédé, en représentation de ce dernier, ainsi que les cessionnaires de droits visés à l'article 18 du Règlement général qui adhèrent aux présents statuts, disposent également d'une part de capital social ouvrant droit à une voix en Assemblée générale.

Les parts de capital social ne sont représentées par aucun titre.

Article 25 bis : L'Assemblée générale se compose de tous les associés de la société qui y disposent chacun :

- d'une voix, conformément à l'article 7 ci-dessus, quelles que soient sa ou ses catégories et sa qualité ;

- de quinze voix supplémentaires, conformément à l'article 2 ter ci-dessus, quelles que soient sa ou ses catégories, lorsqu'il a été nommé en qualité de Sociétaire professionnel soit postérieurement au 1er janvier 1972 soit antérieurement à cette date s'il remplit les conditions prévues pour la nomination au Sociétariat professionnel à compter du 1er janvier 1972 ou lorsqu'il a été nommé en qualité de Sociétaire définitif.

* La notion de "Stagiaire" ne doit pas vous embrouiller.

Son explication figure dans les CONDITIONS GÉNÉRALES D'ADMISSION

Article premier La Société des Auteurs, Compositeurs et Éditeurs de Musique se compose de Membres qui peuvent être :

1° Adhérents ;

2° Sociétaires professionnels ;

3° Sociétaires définitifs.

Les Membres admis en qualité de Stagiaire avant le 1er janvier 1972 conservent cette dénomination et les droits et obligations attachés à cette qualité.

Les Membres nommés en qualité de Stagiaire professionnel avant le 1er janvier 1999 prennent la dénomination de Sociétaire professionnel et conservent les droits et obligations qui étaient attachés à cette qualité.

Une voix pour nous, 16 voix pour eux, rien de changé sous le soleil de Neuilly, la sacem reste une oligarchie.

16) Des avantage d'être candidat... 2013...

D'abord les résultats de la petite élection à la commission prévue à l'article R.321-6-3 du Code de la propriété intellectuelle :

Pour les auteurs :
Serge Lecoq 12821 voix élu
Michel Fariner 7421 voix élu
Jean-Michel Adde 7206 voix
Stéphane Ternoise 5960 voix

5960 voix, c'est énorme ! Qui a voté pour moi ?... Naturellement, divisé par 16... il ne reste que 372,5 membres de l'oligarchie... Il y eut donc bien des membres pour apporter leur unique voix à cette grande comédie. Naturellement, je n'ai pas voté. Candidat d'accord, électeur non !

Chez les compositeurs :
Claude Blondy 10788 voix élu
Carlos Leresche 10744 voix élu
Dominique Marigny 8727 voix
John-Frédéric Lippis 4441 voix

Editeurs : 2 candidats pour 2 postes
Sylvie Hamon 17127 voix élue
Marie-Hélène Jarno-Taphorel 15 252 voix élue.

L'essentiel, pour moi, se déroula durant "la campagne"... car une "campagne" fut exceptionnellement autorisée... la sacem a découvert twitter ! Opportunité d'un dialogue avec Monsieur Laurent Petitgirard, alors toujours président...
15 mai 2013... un message surprenant, envoyée par la responsable du suivi des dossiers de candidatures (enfin, de mon suivi) et destiné à 46 adresses mails dont la mienne (dans lesquelles je pense reconnaître les adresses des candidates et candidats, de Gilbert Laffaille à Michel Adde en passant par Michel Farinet ou Patrick Lemaître) et deux Copies conformes : Laurent Petitgirard et Arlette Tabart, adresses sous sacem.fr

170

Objet : Candidatures aux élections du 18 Juin 2013

Texte : « *Bonjour,*

Le Conseil d'Administration a été informé qu'un candidat aux élections vient, contrairement aux dispositions de l'article 107 du Règlement général actuellement en vigueur en ce qui concerne les élections au Conseil d'administration et aux diverses Commissions, d'informer de sa candidature des sociétaires par voie de messagerie électronique.

Considérant que cette situation risque de créer une inégalité de chances entre les candidats, le Conseil d'Administration a décidé, à titre exceptionnel, et dans le prolongement des réflexions qui conduisent à proposer à la prochaine assemblée générale extraordinaire la modification des dispositions de l'article 107 du règlement général, d'autoriser l'ensemble des candidats aux différentes élections (Conseil d'administration, Commission des Comptes et de Surveillance, Commission des Programmes, Commission prévue à l'article R .321-6-3 du Code de la Propriété Intellectuelle) à communiquer avec leurs confrères sur leur candidature à la condition de rester strictement informatifs.

Bien cordialement,
                          Le Secrétaire Général »

L'adresse mail sous sacem du Président du Conseil d'administration semble "logique" mais je capte immédiatement l'opportunité de l'interpeller... en m'adressant également à l'ensemble des membres dont l'adresse mail fut ainsi divulguée... occasion d'un peu de publicité. Le 22 mai à 18 heures 11 :

« *Bonjour,*

Non seulement le règlement peut être adapté par le Conseil d'Administration (pour plaire à l'un de leurs amis ?) mais en plus NOS ADRESSES COURRIELS sont divulguées par la sacem dans son message du 17 mai !

Qu'en pensez-vous de ce genre de pratique ?

Bref, je ne vais pas vous inviter à voter pour moi !

22 mai 2013... le jour des grandes sorties
- 5 ans après l'album "Savoirs" : "Vivre autrement (après les ruines) : http://www.chansons.org

- 4 ans après "ils ne sont pas intervenus" : le roman "Un Amour béton (Comment Kader Terns avoir été numéro 1 des ventes numériques en France)."
http://www.romancier.org/roman2013.html

J'ai publié de nombreux livres numériques ces deux dernières années. Il s'agissait essentiellement d'anciens textes (comme l'ensemble de mon répertoire de théâtre) ou d'essais.
Mais dans le domaine de la production de CDs comme dans celui de l'écriture de romans, c'est très long !
1) Je ne suis pas chanteur, je ne suis pas compositeur. Je pense être le seul en France à poursuivre une démarche d'albums d'auteur... Qui plus est totalement indépendant et sans grand budget !
Comment faire un bon album avec des bouts de ficelles ? Trouver des partenaires pour ces aventures inédites...
Découvrez : Blondin, Dragan Kraljevic, David Walter, Lor, Magali Fortin, Yann Ferant.
Cet album est disponible dans un beau digipack (16 euros pour la France) et sur le net en numérique (vous pouvez bénéficier d'écoutes gratuites)
A la une de http://www.chansons.org , site officiel de cet production.

2) Quatre ans après "ils ne sont pas intervenus", désormais connu en numérique sous le titre "peut-être un roman autobiographique."
Mon sixième roman : "Un Amour béton", sous-titré "Comment Kader Terns avoir été numéro 1 des ventes numériques en France."

172

Présentation, début : http://www.romancier.org/roman2013.html
Un roman policier, un roman d'amour, ce « un Amour béton » ?
Certes une intrigue policière, des morts, des meurtres, de la vengeance, des femmes, des hommes, des couples, des amants, des trahisons, Aubervilliers, le Quercy.
Mais il s'agit d'un « véritable roman littéraire », bien plus exigeant que les textes habituellement classés en « romans policiers », qui plus est depuis la déferlante numérique...
Donc un roman susceptible d'intéresser un large public ou rester invisible faute de réel ancrage dans un genre précis !

Kader Terns, le « météorite du livre numérique, disparu dans d'affreuses circonstances. »
Un journaliste lotois osa même « en découvrant un paradis insoupçonné, le charme sauvage et pittoresque de nos coteaux du Quercy, l'inclassable auteur du 9-3 ignorait les dangers du béton, qui guettent tout néo-rural souhaitant restaurer l'une de nos belles demeures abandonnées. »
Vos médias s'en délecteront bientôt : Kader fut broyé, son assassin présumé s'est suicidé, sa complice potentielle clame son innocence derrière les barreaux et moi, qui devais tenir le rôle peu glorieux du nègre de l'autobiographie du « jeune et talentueux écrivain choc de l'année 2011 », j'hésite à la croire tout en redoutant de rapidement me retrouver soupçonné...
Dois-je laisser "éclater l'affaire" ou puis-je raconter comme j'en avais l'intention quand la version de l'accident me sembla aussi stupide qu'évidente ?
Mais tout ceci, c'était avant. Avant que tout s'accélère et m'aspire dans le tourbillon...
Un roman au cœur de l'époque :
Comment devient-on numéro 1 des ventes numériques en France (sur Amazon) ?

Présentation, début :
http://www.romancier.org/roman2013.html
3 euros 99 en numérique. Sortie en papier dans quelques semaines.

3) 22 mai 2013... Pour la première fois de ma vie, j'ai mis les pieds sur le sol d'Afrique... où je devrai peut-être bientôt m'exiler faute de revenus suffisants pour vivre en France... 15 jours au coeur d'une grande pauvreté, dans un pays où "tout" est à reconstruire mais où il fait très chaud !...
Je publierai bientôt sur le sujet...
A lire : Contrairement à Gérard Depardieu, dois-je quitter la France ?
http://www.utopie.pro/quitterlafrance.html

"Cahors, 42 inscriptions aux Monuments Historiques" (livre numérique de photos) est ainsi sous-titré "Le livre des adieux à Cahors de l'écrivain photographe lotois"
http://www.cahors.pro

4) Merci de relayer ces informations...

Stephane
Stephane Ternoise
http://www.ecrivain.pro
Auteur et éditeur indépendant depuis 1991
Contact postal : Jean-Luc Petit - BP 17 - 46800 Montcuq »

Oui, en reprenant ce dossier, je m'aperçois de l'erreur entre le 15 et 17 mai... Mais de tout cela, de toute manière, mes interlocuteurs en avaient "rien à foutre". Ai-je vendu un livre supplémentaire ?...

Le mercredi 22 mai 2013 à 19 heures 27 j'obtenais une réponse. De Laurent Petitgirard, via une adresse personnelle (sous un autre serveur que la sacem) avec une copie à son adresse sacem.

Objet : Re: elections sacem... nos adresses mails...

« Cher Monsieur,

Je ne sais absolument pas de quoi vous me parlez, ni à quel "ami" vous faites allusion.
Il se trouve que le règlement Sacem en ce qui concerne les

174

élections, est totalement obsolète et que pénaliser un candidat par ce qu'il explique ses motivations aux électeurs serait contesté avec succès devant n'importe quel tribunal.

C'est pour cela que nous proposons une modifications de nos statuts.
La technologie est allé plus vite que le rythme annuel des AG, les réseaux sociaux font que l'on doit inévitablement s'adapter.

Alors oubliez vos fantasmes du complot et comprenez que le Conseil d'Administration doit en permanence veiller à protéger la Sacem.

Interdire d'élections un candidat qui a simplement communiqué sur sa personnalité, son parcours professionnels et ses motivations, c'est simplement risquer l'annulation de l'AG toute entière par un tribunal.

Pour le reste, la suite de liens que vous présentez ne me semble avoir que peu de rapport avec cette élection.

Quand à l'affichage des adresses courriels, c'est certes une maladresse, mais lorsque l'on se présente à une élection, on doit s'attendre à être joignable.

Cordialement.

Laurent Petitgirard »

Je prenais le temps de répondre. Il est évident que pareille occasion ne se représenterait sûrement pas.
Le 27 mai 2013 à 14:02, j'écrivais ainsi :

« Cher Monsieur Petitgirard, Président de "notre" Conseil d'Administration,

Nos observations, parfois, aboutissent aux mêmes conclusions. Avec certes un grand décalage dans le temps ! Je ne peux que sourire en lisant votre réaction :
"Il se trouve que le règlement Sacem en ce qui concerne les

élections, est totalement obsolète et que pénaliser un candidat par ce qu'il explique ses motivations aux électeurs serait contesté avec succès devant n'importe quel tribunal.

C'est pour cela que nous proposons une modifications de nos statuts.

La technologie est allé plus vite que le rythme annuel des AG, les réseaux sociaux font que l'on doit inévitablement s'adapter."

Je dois donc vous rappeler qu'Internet existe depuis bien longtemps !

Néanmoins... est-ce une manière de me conseiller de contester devant un tribunal vos prochaines élections ?

Candidat, je ne voterai pas.

Car je considère inacceptable de compter pour une voix alors que vous détenez 16 voix.

Je considère inacceptable de ne pas pouvoir être candidat au Conseil d'Administration car le conseil d'administration est verrouillé par une minorité, ce que j'appelle depuis de nombreuses années l'oligarchie.

Vous êtes environ 4500 (membres professionnels et définitifs, dernier chiffre non connu) sur plus de 140 000 membres (vous préférez communiquer sur ce chiffre) à garder la mainmise sur la sacem.

Considérez-vous que le conseil d'administration de la sacem doit mettre fin à cette situation d'oligarchie pour transformer la sacem en démocratie ?

Suis-je allé plus loin que votre volonté au sujet de la modification des statuts de la sacem ?

Suivant minutieusement la politique de votre Conseil d'administration, je sais que vous avez fait bouger un peu les choses...

Comme vous le notiez dans votre édito d'avril 2004 : « En décembre 2003, le Conseil d'administration de la Sacem a décidé de baisser de 50% le « cens argent », c'est-à-dire le minimum de droits qu'il faut pour pouvoir accéder au statut de

sociétaire professionnel, puis à celui de sociétaire définitif. »
Avec l'explication très instructive : « Cette baisse n'a pas été décidée arbitrairement, le Conseil ayant constaté que le cens argent, indexé sur l'évolution de la répartition des droits, avait depuis 1980 augmenté deux fois plus vite que les indices servant de référence à la revalorisation des salaires. »
J'avais traduit par : depuis 1980, le conseil d'administration a réussi à limiter l'accès au statut de sociétaire professionnel, permettant ainsi à un petit groupe inféodé aux majors de diriger sans opposition notre noble institution.

Ma traduction vous convient, je pense ! Elle n'a jamais été contestée.

Cette situation d'oligarchie perdure pourtant. Elle ne vous dérange pas, ès président ?
Quant au reste. Nul "fantasmes du complot."
En 2009 monsieur Sylvain LEBEL me supprimait les adresses de mes sites Internet dans ma présentation de candidat, au motif qu'elles "n'étaient pas conformes à la décision du Bureau du Conseil d'administration du 2 décembre 2003."

Alors que votre conseil d'administration n'a pris cette décision qu'en 2010 : « Décision du Conseil d'administration du 18 février 2010
En complément de la décision prise par le Bureau du Conseil d'administration du 2 décembre 2003, le Conseil d'administration décide que :
les notices biographiques des candidats ne devront contenir aucune référence à des liens internet, à défaut ces liens internet seront systématiquement retirés, avant publication des biographies. »

Vous auriez pu noter qu'il s'agissait d'un attendu anti Ternoise !

Quant à l'affichage de mon adresse courriel personnelle.
C'est plus qu'une maladresse. Nous sommes en 2013 et non en 2001.

Tout le monde se doit désormais de connaitre la "copie conforme invisible."

J'aurais naturellement été d'accord pour être joignable. Il suffisait de demander une adresse mail publique ou... un site Internet !...

Si vous aviez lu mon dernier roman, ou mon essai "quitter la France", vous n'auriez pas écrit "la suite de liens que vous présentez ne me semble avoir que peu de rapport avec cette élection."
Mon lectorat reste faible !

Dans l'attente de votre réponse,

(finalement, je peux résumer mon questionnement :
- Pensez-vous que le statut d'oligarchie soit encore acceptable dans une société comme la sacem qui prétend défendre les droits de l'ensemble des auteurs, compositeurs, éditeurs ?)

Bien amicalement,

Stéphane Ternoise »

Je n'escomptais naturellement pas obtenir une réponse point par point. Mais espérais néanmoins quelques phrases utiles dans le cadre du document "sacem oligarchie."

Le 27 mai 2013 à 17 heures 04, le Président répondait en envoyant également la réponse à Louis DIRINGER, ARLETTE TABART, Chantal ROMANET, Jean-Claude PETIT, Jean-Marie SALHANI.

« Cher Monsieur,

Je ne peux bien évidemment en aucun cas être d'accord avec cette analyse que vous faites d'une prétendue oligarchique de 4500 sociétaires professionnels et définitifs.
Il ne serait absolument pas normal qu'un membre de la Sacem, auteur comme 50.000 d'entre eux de moins de dix œuvres et

n'ayant qu'une activité d'auteur très marginale, occasionnelle ou quasi inexistante, puisse se retrouver en position de prendre des décisions cruciales qui concernent le droit d'auteur.

Ce membre en question serait en fait, comme une majorité de nos membres, beaucoup plus un utilisateur qu'un créateur de musique.

Son intérêt de consommateur serait que tout soit gratuit et en aucun cas la défense de la rémunération des créateurs.

Le palier des 16 voix est à hauteur du Smic, je trouve cela très raisonnable.

Quand à nous d'écrire comme inféodés aux Majors c'est insultant et surtout particulièrement stupide et de mauvaise foi.

Si c'était le cas, on repartirait par sondage à plus de 50% de la diffusion comme les anglosaxons qui veulent limiter le coût de l'analyse des programmes.

Donc ma réponse à votre dernière question est celle-ci :

Je pense surtout que les pires détracteurs de la Sacem sont les créateurs qui la rende responsable de leur manque de réussite professionnelle alors qu'elle ne peut être que le reflet de la diffusion réelle des œuvres.

Sur ce, je retourne composer.

Cordialement.

LP

Envoyé de mon iPhone »

Comme c'est drôle, finalement ! Il ne peut « *bien évidemment en aucun cas être d'accord avec cette analyse que vous faites d'une prétendue oligarchique de 4500 sociétaires professionnels et définitifs.* » Et finalement expose ses raisons de maintenir l'oligarchie à la tête de la sacem.

Le Mercredi 29 mai 2013 à 14h55, j'écrivais donc aux six.

Objet : Reponse Ternoise a votre message - Re: elections sacem... nos adresses mails...

179

« *Chères mesdames, chers messieurs,*

Monsieur Laurent Petitgirard ayant décidé d'élargir le cadre de l'échange qu'un simple membre, candidat à une vague commission, se permettait d'avoir avec lui ès qualité de président du conseil d'administration, je m'adresse naturellement également à vous pour ma réponse. En vous précisant que je lirai avec plaisir vos remarques, avis, réactions, informations, qui me permettront sûrement de mieux comprendre le pays dans lequel je vis encore (mon départ pour l'Afrique est toujours d'actualité car malgré de nombreuses créations mes revenus ne me permettent plus de vivre en France, même sous le seuil de pauvreté, ce "manque de réussite professionnelle" signifiant sûrement un manque de talent, si je vous ai bien suivi monsieur Petitgirard)

Vous prétendez donc, Monsieur Laurent Petitgirard, que « le règlement Sacem en ce qui concerne les élections, est totalement obsolète » et je pense que le mal est bien plus profond, dans les statuts, qui font de la sacem une oligarchie où 4500 membres confisquent le pouvoir (eux seuls peuvent être élus au Conseil d'Administration et ils bénéficient de 16 voix lors des élections avec des facilités de vote), avec des conséquences néfastes pour le plus grand nombre, pour la création en général.

Après vous avoir lu, monsieur Laurent Petitgirard, j'éprouve un sentiment de malaise encore accentué en consultant la page d'accueil du site sacem.fr "la sacem, c'est plus de 145 000 sociétaires."
Vous nous demandez de nous impliquer dans "notre" sacem mais vous (les 4500, l'oligarchie) souhaitez conserver tous les réels pouvoirs, décider de toutes les orientations. Vous balayez d'un revers de main la contestation (« les pires détracteurs de la Sacem sont les créateurs qui la rende responsable de leur manque de réussite professionnelle »), préférez décrédibiliser les indignations, dont je suis le simple porte-parole... Il semble existe un décalage profond entre le quotidien des pauvres qui

essayent de vivre de leurs modestes créations et ceux qui arborent leur réussite comme si elle signifiait un talent exceptionnel devant lequel tout le monde devrait se prosterner.

Il ne s'agit pas comme vous le notez de seulement 50.000 membres « de moins de dix œuvres et n'ayant qu'une activité d'auteur très marginale, occasionnelle ou quasi inexistante » mais de 145 000 membres déconsidérés.

Qui plus est vous nous caricaturez en nous prétendant incapables de sauvegarder le droit d'auteur auquel nous préférerions la gratuité ! Il s'agit là certes d'une variante de "votre" peur de l'Internet, qui représenta pourtant un immense espoir. Ce n'est pas la gratuité que je défends mais la justice, qui passe par une démocratisation de la sacem.

Nous sommes là pour "faire du nombre" devant le grand public et les pouvoirs publics ? Mais quand il s'agit des grandes décisions, des orientations, seule l'oligarchie peut en décider, naturellement pour le bien de tout le monde ?...
Car vous prétendez agir pour le bien du droit d'auteur et de l'ensemble des auteurs ! Je peux vous égrainer une petite liste de décisions qui témoignent, selon moi, du contraire, en favorisant une minorité.
Sans même reprendre le "depuis des décennies", il suffit d'observer notre millénaire, cette manière dont vous avez essayé de freiner Internet pour permettre aux majors de préserver leur prédominance sur le monde de la musique.
J'ai proposé en 2007 une autre formule pour la diffusion des oeuvres en radio et télévision, qui actuellement favorise la concentration sur une petite partie du catalogue, justement celle des majors qui ont les moyens de promouvoir leurs poulains. Il est naturellement logique de dénoncer les salaires élevés de la sacem (acceptés par le CA), les subventions culturelles me semblent bénéficier aux installés et non favoriser l'émergence de "nouveaux talents" - et non de clones ou enfants de stars ; il me semblerait déontologiquement préférable que la sacem ne

subventionne pas des organismes créés par un membre du conseil d'administration de la sacem ou par un ancien salarié de la sacem ; la cotisation sacem forfaitaire, à chaque répartition, permet de ne pas payer les faibles revenus et s'il en reste un peu, le seuil minimum de déclenchement du paiement permettra à la répartition suivante d'appliquer une nouvelle cotisation donc de très rarement payer les « auteurs peu diffusés »...

Naturellement, je comprends votre souci de défendre les intérêts d'une minorité. Vous êtes élu et serez réélu par une minorité (combien de voix avez-vous obtenues ? ces voix représentent combien de membres sachant que les oligarques en possèdent 16 ?) donc défendez ses intérêts.
Même si vous n'aimez pas le terme, il s'agit bien d'un fonctionnement oligarchique.
Sociétaires, nous n'avons pas tous les mêmes droits.
Pourquoi, alors que vous exposez vos raisons d'un système oligarchique, le mot oligarchie vous dérange ?
A cause de Nietzsche et son « Dans toute oligarchie se dissimule un constant appétit de tyrannie » ?

Pourquoi ne pas clairement signifier "aux jeunes", qu'il leur faudra d'abord apporter "un smic" mensuel à la société avant de pouvoir s'exprimer ?

Pourquoi communiquer sur 145 000 sociétaires alors que vous n'êtes que 4500 ?
Il me passe ainsi un autre slogan : "la sacem, c'est 4500 sociétaires importants et 140 000 minables."

Comme vous le savez, pour atteindre "un smic" de revenus mensuels (qui plus est durant trois ans), il est quasiment indispensable pour l'auteur ou le compositeur, de travailler avec des majors.
Vous pourriez sûrement me citer quelques "indépendants." Je mets indépendants entre guillemets, car distribués par des majors !
Et naturellement, les 4500 sociétaires importants de la sacem

182

sont auteurs et compositeurs d'oeuvres majeures. Il suffit d'écouter la radio pour s'extasier devant la qualité des oeuvres diffusées !

Vous pensez donc qu'il n'existe aucun problème de diffusion en France, ni de monopole de fait, de liens entre les médias et certains groupes ?
Vous pensez vraiment que la sacem remplit son rôle de défense du droit d'auteur ?

Il est trop facile de décrier Itunes quand vous constatez que 7 centimes sont à répartir par la sacem sur des oeuvres vendues 99 centimes (sur les ebooks vendus par Itunes, Kobo, La Fnac, 53% du prix TTC me revient, un autre modèle économique...).
J'ai exposé la manière dont Internet aurait pu révolutionner le monde de la chanson, au profit des créateurs. Avec un an de prétendue "action culturelle", la sacem aurait pu développer un système ouvert, permettant aux artistes de vendre leurs oeuvres en toute légalité. Naturellement, les majors se seraient scandalisées d'un tel système ouvert et légal !
Vous avez fermé les oreilles à cette idée donc ne soyez pas surpris qu'elle vous revienne...

Quant à ma conclusion, pour adopter le style de mon cher Sénèque, je vous paierai cette lettre avec une citation, elle provient de notre ministre : "Voilà ce qui fait peur, parce que nous sommes le nombre, nous sommes la force, et eux ils sont la minorité qui nous exploite." (Aurélie Filippetti, les derniers jours de la classe ouvrière)

Veuillez agréer, Monsieur Laurent Petitgirard, Chères mesdames, chers messieurs, mes respectueuses salutations d'auteur indépendant.

Stéphane Ternoise
http://www.ecrivain.pro
http://www.utopie.pro »

Aucune réponse dans la journée. Ni dans la semaine. Le 10 juin 2013 à 17:03, je renvoyais le message, également en pièce jointe PDF. Après un échange avec @sacem (sur twitter) et la réponse "*@ternoise Il ne me semble pas que votre correspondance avec le président soit complète, votre texte s'arrête sur 1 commentaire de sa réponse*". Nous pouvons en déduire... un contact direct entre M. Laurent Petitgirard et l'attitré à twitter...

La réponse fut rapide, de Laurent Petitgirard à Ternoise Stéphane et copie aux cinq autres, le lundi 10 juin 2013 à 17h34.

Objet : Re: Reponse Ternoise a votre message - Re: elections sacem... nos adresses mails...

« *Cher Monsieur,*

Je n'ai jamais associé la qualité d'une œuvre et les droits qu'elles génèrent, je compose de la musique contemporaine qui n'est certainement pas le genre musical le plus rémunérateur.

Vos fantasmes d'oligarchie sont fatigants, injustes, caricaturaux et surtout ne correspondent à aucune réalité.
Vos attaques sur notre politique culturelle sont totalement infondées, vous êtes vous seulement donné la peine de regarder en détail la liste des projets aidés ?

Vous pourriez avoir tous les votes du monde aux élections de la Sacem, ce n'est pas cela qui fera rayonner votre œuvre, ce sera sa qualité, votre obstination à la faire connaître et le sentiment d'espoir que vous dégagerez, à l'opposé de l'aigreur qui transpire à chacun de vos propos.

Mais votre site est d'une telle prétention, "L'écrivain qui a compris avant les autres la révolution numérique que je retire aigreur, c'est d'un complexe aigu de supériorité qu'il faut parler.

Sincèrement je n'ai pas l'intention de perdre une seconde de plus à répondre à votre argumentation.

Je retourne composer, j'espère que vous ferez de même avec vos textes.

Bonsoir

LP »

J'en avais assez, de réponses, de non réponses. Monsieur Laurent Petitgirard s'exprimant ès président de la sacem, ses arguments me semblaient mériter une audience surmultipliée par leur présence dans mes livres !

Le Mercredi 12 juin 2013 à 17h00, j'envoyais un message à l'ensemble des adresses divulguées par la sacem.

« Bonjour,

Message aux candidats... avec copie à notre président du Conseil d'administration (techniquement : le contraire en CCi)

Elections à la sacem le 18 juin 2013 : 145 000 sociétaires, 145 000 voix ? NON !
Certains (environ 4500) bénéficient de 16 voix et EUX SEULS peuvent être élus au Conseil d'Administration, l'organe central de la Sacem, celui par exemple qui accepta le salaire exorbitant de M. Bernard Miyet (600 000 euros annuels ou plus ?) et ses conditions de départ...
La sacem, une organisation oligarchique.

Où les 140 000 membres de base peuvent se consoler en étant candidat à la "Commission prévue à l'article R .321-6-3 du Code de la Propriété Intellectuelle."

Candidat à cette commission donc, cette candidature m'a permis de dialoguer avec le Président du Conseil d'Administration.
Merci à monsieur Laurent Petitgirard de m'avoir répondu.
Un passage exceptionnel : "le règlement Sacem en ce qui concerne les élections, est totalement obsolète et pénaliser un candidat par ce qu'il explique ses motivations aux électeurs serait contesté avec succès devant n'importe quel tribunal."

Oui le règlement fut modifié car la sacem semble avoir découvert twitter en 2013 !
Mais juste pour permettre de communiquer sur une candidature...

http://www.candidat.info communique donc !

Candidat, je ne voterai pas. Je refuse un système où ma voix vaut un seizième de celle des oligarques.

Tout membre de la sacem se devrait d'essayer de faire avancer des idées justes.
Une organisation démocratique plutôt qu'oligarchique me semble nécessaire. Et vous ?

http://www.candidat.info expose le vrai problème, pour les 145 000 sociétaires, pour les médias, pour le grand public (qui paye quand même pour la copie privée dont la sacem redistribue une grande part)

Le plus souvent, les "membres de base" ne lisent pas les statuts et ne s'intéressent pas à ces élections...

L'Assemblée générale 2013 de "notre" Sacem se déroulera le 18 juin 2013, sûrement logique quand on sait que notre maison se situe avenue Charles de Gaulle, à Neuilly.
Ceci est donc "un peu", mon appel du 18 juin.

http://www.candidat.info vient d'être créé...

Vous êtes candidat. Quelle est votre position ?

C'est, selon moi, le point essentiel que chaque candidat devrait exposer : pour ou contre une véritable réforme des statuts de "notre sacem" ?

(j'ai exposé dans "Contrairement à Gérard Depardieu, dois-je quitter la France ?"
http://www.utopie.pro/quitterlafrance.html les raisons de mon départ malheureusement nécessaire pour l'Afrique, où je pourrai vivre de mes faibles revenus, il ne s'agit donc pas

comme quelqu'un l'a suggéré, de faire porter à la sacem la responsabilité d'un échec économique ; il s'agit simplement de faire avancer des idées justes)

Stéphane Ternoise écrivain et néanmoins parfois auteur de chansons, peu chantées !
http://www.ecrivain.pro
http://www.romancier.org
6eme roman : "Un Amour béton"
http://www.romancier.org/roman2013.html »

Nul à part le Président de la sacem n'a osé répondre. Tous devaient avoir conscience que leur réponse, dans ce cadre des élections, finirait pas être publiée. Et chacune, chacun, doit préférer, pour de bonnes raisons de carrière, ne pas aborder certains sujets. Sur ce point, même si peu de points de convergences semblent pouvoir être trouvés entre nous, les réponses de monsieur Laurent Petitgirard ont le grand mérite d'exister. Et mettent également en lumière ces silences complices ou gênés...

Monsieur Laurent Petitgirard était toujours Président du Conseil d'Administration en mai 2013. Il signa donc l'édito du Magsacem 87 (mai-août 2013). Après tout ce qui s'est passé à la sacem sous sa présidence, il aurait pu éviter : « *Depuis des mois, la musique fait les frais d'une rigueur budgétaire adossée à un manque de vision à long terme, dont les conséquences sont déjà tragiques pour les créateurs, leurs éditeurs, leurs interprètes et leurs producteurs.* » Non que ce gouvernement soit exemplaire mais quand on a autant manqué de clairvoyance et de sens des responsabilités, un peu de modestie serait préférable.

Naturellement, notre échange n'ayant rien changé à ses positions, ce magazine se termine encore par une ode à notre grande famille « *La Sacem, première société d'auteurs française et deuxième au monde par le nombre de ses membres.* » Le nombre de ses membres ! Oui, nous sommes toujours là pour faire nombre !

Le numéro suivant (88, octobre décembre 2013) était donc attendu !

Avec un édito de Jean-Claude Petit, compositeur, nouveau président du Conseil d'administration de la Sacem... cette élection semble s'inscrire dans la logique de la transmission des échanges du président en exercice en mai à son successeur !

Ils ont gagné ! « *La Cour de justice de l'Union européenne a confirmé, le 11 juillet, la possibilité de financer des actions culturelles par notre prélèvement de 25 % sur la copie privée.* »

Et sur son prédécesseur : « *Permettez-moi aussi de souhaiter une bonne année de « sommeil » à mon ami Laurent Petitgirard, à qui je succède. Son travail et son engagement dans la défense de nos droits et dans l'organisation de notre société sont un exemple que je m'efforcerai de suivre.* »

Ils n'est donc pas définitivement parti, il semble programmé pour revenir !

Dans un an tout le monde aura oublié qu'il fut le Président de l'époque Bernard Miyet ?

Et sous la houlette de Jean-Noël Tronc, directeur général de la Sacem, place à l'opération "reconquête de l'opinion" : « *le Panorama des industries culturelles et créatives, qui vient de paraître et dont la Sacem est à l'origine. Cette étude offre pour la première fois un chiffrage précis de ce que pèsent les industries culturelles en France : musique, arts graphiques, spectacle vivant, cinéma, presse, édition littéraire, télévision, radio et jeux vidéo, ces neuf secteurs représentent 1,2 million d'emplois et pèsent plus de 74 milliards d'euros, soit plus que l'industrie automobile.* »

La culture est une industrie ? Oui mais la culture doit redevenir un artisanat ! Ils défendent une conception culturelle où des pions de multinationales peuvent parfois toucher le jackpot, alors que nous sommes des créateurs au quotidien, donc indépendants. La sacem est bien une oligarchie, l'oligarchie de ceux qui ont accepté l'industrie culturelle alors que pour 95% des créateurs (comme aurait pu chanter Brassens) l'art est un choix de vie, pas celui de faire du fric mais de s'exprimer, de chercher, en restant debout, le plus possible.

La menace de démission de 140 000 membres me semble improbable. Même réellement informés de la situation (ce passage sera repris dans un livre au "titre choc"). L'intervention de l'état ? La nationalisation de la sacem ? Inconcevable sous ce Président.

17) La sacem en 2015

Ce ne fut pas une retraite mais juste une éclipse, un éloignement officiel, peut-être du sommeil (en parlant à l'oreille de son Dmitri Medvedev ?) : Laurent Petitgirard s'est réinstallé à la tête du Conseil d'Administration... Tout le monde a oublié son passé et son passif ? Il semble s'entendre aussi bien avec Jean-Noël Tronc qu'avec son prédécesseur...
Et il cause de nouveau à la une : « Mon prédécesseur, Jean-Claude Petit, a mené avec le Conseil d'administration et les équipes de la Sacem une politique déterminée sur ces différents sujets.
Nous allons, avec Jean-Noël Tronc, continuer et amplifier l'action de la Sacem pour que les musiques et tous nos répertoires puissent prospérer dans toute leur diversité. »
Laurent Petitgirard, compositeur, président du Conseil d'administration, membre de l'Institut.
Edito du Magsacem novembre 2014.

Tintintin ! Membre de l'Institut. De l'institution aussi... pas un mot sur l'oligarchie face aux sans-dents.
Bref : « Pas de culture ni d'industries culturelles sans créateurs. Pas de créateurs sans droit d'auteur, pour garantir à la fois qu'ils puissent vivre de leur création et, surtout, dans l'indépendance de tous les pouvoirs, qu'ils soient économiques, politiques ou religieux. »
Jean-Noël Tronc, directeur général de la Sacem (Le mot du directeur général, du *Magsacem* janvier 2014)

L'indépendance de tous les pouvoirs, qu'il a dit l'ami du Président au pigeon vengeur. Vaut-il mieux en sourire ?

Soyez rassurés, tout va bien à la sacem. Certains gagnent toujours plus !...

« Je peux déjà vous annoncer avec beaucoup de plaisir et de fierté que 2013 a été une année exceptionnelle concernant les collectes de droits d'auteur pour les membres de la Sacem.

En effet, grâce à l'implication des équipes de votre maison, tant sur le périmètre des licences (médias, Internet, copie privée…) que sur celui géré par les collaboratrices et collaborateurs présents sur l'ensemble du territoire (droits généraux : concerts, festivals, commerces sonorisés, associations…), les droits d'auteur collectés atteignent le niveau historique de 834,8 millions d'euros et sont en croissance de 4 %. »

Jean-Noël Tronc, directeur général de la Sacem (Le mot du directeur général, du *Magsacem* mai 2014)

« La culture doit devenir une compétence obligatoire des régions. » Grande parole mise en exergue du Magsacem novembre 2014. Son auteur ? Non, pas Martin Malvy. Mais Jean-Jack Queyranne, président de la région Rhône-Alpes, dans *Le Monde* du 17 juillet 2014.

Et n'attendez rien des gentils chanteurs auteurs... Ils ne sont même pas capables de dénoncer cette oligarchie dans "leur maison". Nous vivons une époque pitoyable.

« L'implication des équipes. » Pour l'ensemble des membres ?

De temps en temps, je ressors le dossier sacem ! Et relance l'un de "mes contacts"... car sur aucune de mes répartitions n'est apparue un seul titre du spectacle de Benjy Dotti pour lequel je figurais pourtant sur l'affiche, pour lequel j'ai fourni quelques dates avec certitude d'utilisation de mes textes... car j'y étais...

Parfois, en notant "quelques provocations", un salarié de la Sacem balance, comme le jeudi 18 juillet 2013 à 11 heures 11 :

« - Je ne doute pas que votre salaire soit nettement moins élevé que les salaires indécents de certains. Mais je pense qu'en insistant à chaque contact, vous pourrez "faire remonter" un "malaise des sociétaires" (je ne dois pas être le seul dans ce cas) - Oui nous sommes tous dans le cas de voir des sommes colossales qui nous depassent, nous les petits, par contre c'est un chef d'entreprise, et depuis son arrivée il a fait en un temps record bouger pal mal de choses, donc cela ne peut que rejaillir sur tous les societaires, et croyez bien mon cher STEPHANE, que nous faisons pour le mieux dans votre interet, mais on est confrontés souvent à des difficultés d'ordre divers. Cordialement. »

Intéressant, non ?

Les lois du marché de la création

Hé monsieur Utopie faut bien bouffer
On a besoin des miettes qu'ils nous jettent
On voudrait bien créer en toute liberté
Mais les marchands tiennent le marché

Quand tu crées
Tu crées pas pour eux
Et pourtant tu sais
Qu'entre toi et le public
Y'aura les nuisances du fric
Et leur puissance de feu

Si t'es pour eux une très bonne vache à lait
Les marchands te f'ront tête de gondole
Les spéculateurs pourront même t'engraisser
T'auras le label idole

Quand tu crées
Tu crées pas pour eux
Et pourtant tu sais
Qu'entre toi et le public
Y'aura les nuisances du fric
Et leur puissance de feu

Des créateurs et des subventionneurs
Des créateurs et des installés
Des créateurs et des tonnes de profiteurs
Des créateurs parfois rêveurs

Quand tu crées
Tu crées pas pour eux
Et pourtant tu sais
Qu'entre toi et le public
Y'aura les nuisances du fric
Et leur puissance de feu

Le fameux système d'aide à l'édition française ne profite également qu'à une minorité... Et la possibilité d'obtenir des miettes réduit au silence ceux dont le rôle serait de dénoncer ce système. Dans plusieurs textes j'ai abordé ces miettes, comme dans cette chanson « *Les lois du marché de la création* », avec « *On a besoin des miettes qu'ils nous jettent* », interprétée par Dragan dans l'album « *vivre autrement* » (www.chansons.org)

Il est mort avant que "la machine sociale" ait pu lui rafler l'ensemble de ses biens. Il avait été placé, contre son gré, sous tutelle, via une procédure "plutôt expéditive" dont je n'avais même pas été informé. 900 kilomètres nous séparaient.

« Nous avons été nommés Tuteur le 18 novembre 2010, juste avant son hospitalisation. Ce dernier cultivait encore de manière empirique, laissant s'accumuler les dettes, connu pour son comportement marginal et son emportement à l'égard d'autrui, votre oncle vivait dans des conditions d'hygiène déplorables.

Pris en charge au sein de l'EHPAD, un retour à domicile était rendu impossible du fait de sa dépendance et de ses conditions de vie très précaires qui le mettaient en danger. » me répondait, le 24 janvier 2013 le directeur adjoint du Service Tutélaire et de Protection.

Quelques semaines avant sa mort, la commune de Frévin-Capelle avait réussi à obtenir « la pâture jouxtant le cimetière communal » (plus un hangar en très bon état) pour une somme nettement inférieure au prix du terrain à bâtir habituellement constaté dans ce secteur. Terrain depuis longtemps souhaité par la mairie auquel mon oncle avait toujours opposé un catégorique refus.

Le même directeur adjoint notait la manière dont cet accord de vente, que devaient ratifier les héritiers, s'était déroulé :

« Nous n'avons jamais présumé notre action sur l'espérance de vie de Monsieur P. A ma connaissance ses jours n'étaient pas engagés. Nous avons saisi l'opportunité de vendre une parcelle de terres et le hangar attenant.

Comme vous le savez nous pouvons faire confiance à la solvabilité de l'acquéreur. Pour ce faire, nous avons mandaté AGENCE IMMOBILIERE aux fins d'évaluer l'immeuble et le charger de la négociation (prix de l'immeuble terrain à bâtir avec son hangar).

Ainsi l'acquéreur suivant le projet de compromis de vente a pris en charge les frais de négociation de l'agence et les frais de bornage par le géomètre.

Notre volonté en qualité de Tuteur était de payer la créance d'Aide Sociale et de reprendre la main sur les paiements puisque son état de fortune lui permettait de vivre autrement qu'au bénéfice de l'Aide Sociale et de ses restrictions. »

L'unique intérêt de l'agence immobilière était donc la vente, synonyme de commission. Pourquoi n'aurait-elle pas accepté le prix souhaité par la mairie ?

Quant à la volonté de mon oncle, elle se résumait à vivre dans sa maison, sûrement dans « *des conditions d'hygiène déplorables* » pour des enculés auxquels le confort moderne semble indispensable mais dans des conditions nettement plus confortables que celles de ses ancêtres. Il était né en 1931, dans une campagne dont le mode de vie ressemblait plus à celui du Moyen Âge, en cet endroit, qu'à celui des millionnaires de notre oligarchie.

Pour le Président du Conseil Général du Pas-de-Calais, le chef de section nous informa "naturellement" de sa décision « en application de l'article L.132-8 du Code de l'Action Sociale et des Familles : récupération totale de la créance départementale résultant de l'admission du défunt au bénéfice de l'aide sociale, soit la somme de 17 796.18 euros. »

Il fallut bien accepter la vente à la mairie, car les "droits de succession" devaient être payés et une procédure forcément longue nous aurait bouffé en pénalités de retard ce que nous aurions pu gagner d'une revalorisation...

Sa mise sous tutelle ?
Audience non publique du 18 novembre 2010.
« Attendu que toute personne dans l'impossibilité de pourvoir seule à ses intérêts en raison d'une altération médicale constatée, soit de ses facultés mentales, soit de ses facultés corporelles de nature à empêcher l'expression de sa volonté peut bénéficier, dans le respect de ses droits fondamentaux et de la dignité de sa

personne, d'une mesure de protection tant de sa personne que de ses intérêts patrimoniaux, ou de l'un des deux ;

Attendu qu'il est établi par l'ensemble du dossier et plus spécialement par les éléments médicaux que M. R. P. présente une hypoacousie bilatérale importante et présente des troubles de compréhension du langage, le test de l'horloge n'a pu être réalisé compte tenu des problèmes de mobilité, le test de fluence verbale donne des réponses pauvres ; que l'ouverture d'une mesure de protection s'avère en conséquence nécessaire ;

Qu'il n'est pas possible de pourvoir à ses intérêts par application des règles du droit commun de la représentation ;

Que M. R. P. n'a désigné personne afin d'exercer les fonctions de curateur ou de tuteur pour le cas où il serait placé en curatelle ou tutelle en application des dispositions de l'article 448 du code civil ;

Qu'il n'a pas de conjoint, de concubin ou de partenaire avec lequel il a conclu un pacte civil de solidarité ;

Aucun parent, allié ou personne résidant avec il n'a émis le souhait d'exercer les fonctions de curateur ou de tuteur à l'occasion de l'instruction du dossier [la phrase est bien formulée ainsi ; quant à l'instruction du dossier, elle n'est pas passée par moi, pourtant neveu] ;

Qu'eu égard à son état de santé, l'instauration d'une mesure de sauvegarde de justice ou d'une curatelle s'avérerait insuffisante ;

et qu'il a, de ce fait, besoin d'être représenté d'une manière continue dans les actes de la vie civile, tant en ce qui concerne l'exercice de ses intérêts patrimoniaux que la protection de sa personne ;

Que par ailleurs, son état, exclut tout lucidité sur le plan électoral, qu'il convient de supprimer son droit de vote ;

Qu'en vertu des pièces du dossier, il convient de fixer la durée de cette mesure à 60 mois ;

Attendu qu'il y a lieu de désigner le SERVICE TUTELAIRE ET DE PROTECTION en qualité de tuteur conformément à l'article 449 et suivants du Code Civil ; »

Ça ne vous fait pas peur « une altération médicale constatée » ?
Bientôt je vous causerai d'un médecin expert "au service" d'un
assureur, rencontré le 9 décembre 2014...

Revenons à mon oncle : grotesque mais noté. Des « réponses
pauvres » d'un homme présentant « une hypoacousie bilatérale. »
Dit autrement : il était sourd et n'a pas répondu aux questions, il
sera donc mis sous tutelle et privé de ses droits civiques. Et gavé
de médicaments s'il se rebelle !

Avec son frère, mon autre oncle, il avait abordé cette "tentative
de mise sous tutelle". Il se croyait protégé car n'avait rien signé...
Avoir des enfants, c'est aussi espérer être défendu durant sa
vieillesse contre la machine administrative.

Puis il resta sa propriété, sa maison, celle de mes grands-parents.
Quand un acheteur enfin fut trouvé, sa situation rendait difficile
un prêt bancaire. Il souhaita acquérir la partie maison et son père
les dépendances. Soit.

Le notaire accepta mon absence lors de la signature, via une
"procuration" au profit d'une personne de son étude.

Je souhaitais naturellement que figurent dans cette procuration la
présence de clauses suspensives. Car il ne pouvait y avoir une
vente au père et une non vente au fils du fait du refus d'un prêt
bancaire.

Ce qui aboutirait à conserver la maison sans ses dépendances
attenantes... donc à devoir vendre la maison au même duo au
prix alors proposé...

Il m'était répondu « Bien évidemment, à la fois pour vous
protéger et pour protéger les acquéreurs, il va être inséré dans
chaque compromis une condition suspensive de régularisation de
l'autre vente afin qu'une vente ne puisse pas être signée sans
l'autre.

Les conditions suspensives ne sont pas mentionnées dans les
procurations. »

Ma fermeté les surprenait peut-être : « Il semble qu'aucun texte
n'interdise de préciser qu'en plus des conditions suspensives

usuelles, la "régularisation de l'autre vente est impérative." Il s'agit d'un bloc inséparable.

Je vous laisse me proposer le texte le plus professionnel possible (je ne suis qu'un écrivain pauvre peu versé dans les tournures notariales).

Cette condition suspensive doit être ajoutée aux procurations. »

Car moins de trois heures plus tard arrivait « Je vous prie de trouver en pièces jointes les procurations pour les ventes faisant apparaître la condition suspensive de régularisation de l'autre vente et vous serais reconnaissant de me les retourner dûment signées dans les plus brefs délais... »

A la mairie, ma signature était validée... Je souhaitais naturellement lire les compromis de vente avant de renvoyer le document...

Le 4 février 2014, à la veille de la signature, à 20 heures 17, j'écrivais : « J'ai essayé de vous appeler, mais maître B. m'a répondu. Il était trop tard...

Non, ça ne va pas !

J'ai dû insister afin que la clause suspensive figura dans les mandats de représentation.

"Insérer aux termes du compromis de vente une condition suspensive de régularisation de vente..." semblait correct.

Et dans le compromis de vente vous insérez cette clause suspensive UNIQUEMENT AU PROFIT DE L'ACHETEUR !

Ainsi (je me répète donc), si l'acheteur décide qu'elle n'est pas suspensive, il acquiert la maison à 100 000 euros et accepte que "le garage" ne soit pas acquis.

Nous nous retrouvons alors avec un "garage" invendable à d'autres personnes qu'au propriétaire de la maison qui peut imposer son prix.

Même raisonnement avec le garage à 35 000 euros et la maison alors "invendable." Sauf au propriétaire du "garage" qui peut imposer son prix.

Après mon insistance sur cette clause, avec les conséquences exprimées clairement, cette écriture des actes mériterait explications.

Même si naturellement pourrait être invoquée la simple maladresse rédactionnelle...

Mon activité de romancier me laisse imaginer d'autres raisons (nous pouvons tous être victimes de déformations professionnelles - j'ai d'ailleurs écrit, voici quelques années, une pièce de théâtre, peu jouée, "Maître Pierre, notaire de campagne" - Hors Sujet)

J'ajouterai donc, manuellement, sur les mandats de représentation "la condition suspensive doit être au profit de l'acheteur et des vendeurs." Précisant en fin d'acte "13 mots ajoutés manuellement." »

Alors que l'ensemble des protagonistes était réuni dans le bureau, je n'avais toujours pas renvoyé la procuration.

Il lui fallait au moins le mail et l'engagement de l'envoi du papier...

Le notaire m'appelait tandis que "les pièces" étaient modifiées.

Il ne me présentait aucune excuse. Ce n'était qu'une cordiale conversation...

Comme imaginé, le fils n'obtint pas son prêt... il faudrait baisser le prix pour en dénicher un autre... La vente permettait de régler le Conseil Général...

Je suis encore en France, les rares lectrices et lecteurs de "*Contrairement à Gérard Depardieu, dois-je quitter la France ? (Exil littéraire au Burkina Faso pour les écrivains)*" pourraient s'en étonner. Aucun "best-seller" ne m'a apporté les quelques milliers d'euros nécessaires. Un héritage, aussi mince soit-il, même pas le prix d'une voiture de notable, même pas un terrain à bâtir, et l'écrivain indépendant tient, un peu, un peu plus longtemps... Il s'agit de tenir !

Les sacrifices

Manuel Valls, ès Premier ministre, a choisi un journal espagnol, *El Mundo* (qui l'avait sacré « *homme de l'année* ») pour lancer sa bonne nouvelle le 29 décembre 2014 : « *Je ne veux pas dire aux Français que, d'ici deux à trois ans, nous en aurons fini avec les sacrifices.* »

Durant ces "quelques mois" : « *Nous devons faire des efforts pendant des années pour que la France soit plus forte, pour que ses entreprises soient plus compétitives et pour que son secteur public soit plus efficace, avec moins de coûts et moins d'impôts.* »

Il n'a donc pas encore vu que certains s'en mettent plein les poches ?... Ou c'est ça, être de gauche ?

En février 1995, un certain Eric Dupin, dans une analyse publiée par *Libération*, certes sans grande imagination ni "visionnaire", où Edouard Balladur figurait en grand favori des présidentielles, notait, et je l'exhume uniquement pour le côté "résumé de l'époque" :

« Les atouts contradictoires de Jospin.

Le candidat socialiste a l'avantage d'être, dès l'aube de sa campagne, le champion identifié de la «gauche mesurée», autant ouverte que modérée. Il réussit également à décrocher la première place des intentions de vote dans deux autres catégories de la gauche plus râleuse, que le PS avait finit par dégoûter dans une assez large mesure.

C'est le cas de la «gauche de résistance», accrochée à ses acquis sociaux et qui ne veut plus entendre parler de la ritournelle des sacrifices censés préparer des lendemains chantants, où Jospin devra tout de même repousser des concurrences venant de sa gauche comme de sa droite. Un exercice du même ordre mettra le candidat socialiste aux prises avec les états d'âmes bien compréhensibles de la «gauche désabusée». »

Edouard Balladur, c'était l'homme qui, dès son arrivée à

Matignon en 1993, demanda des sacrifices « *à tous les Français* » en précisant « *nous essayerons qu'ils soient équitables et bien répartis, mais nous n'avons pas le choix* ».
Qui le croyait ?
20 ans plus tard, nous en sommes toujours là ! Valls, le Balladur de la gauche ?

Y'a du fric pour les gentils auteurs...

Le système de l'édition à la française tient en s'inféodant de nombreux auteurs... Les agenouillés sont parfois récompensés... Le Centre National du Livre est, selon la dénomination officielle, un établissement public à caractère administratif placé sous la tutelle du ministère de la Culture.

Le CNL se présente comme le soutien financier de l'ensemble de la chaîne du livre : auteurs, éditeurs, libraires, bibliothèques.

Il est bien écrit "*les auteurs*" mais il semble préférable de comprendre "certains auteurs."

La partie "les Aides aux auteurs" du site http://www.centrenationaldulivre.fr précise que les auteurs d'expression française devront attester d'un caractère professionnel... qui s'obtient, selon le CNL, « *par des publications à compte d'éditeur.* » L'indépendance ne doit pas exister en France ?

Ainsi, un auteur éditeur indépendant, même s'il vit difficilement de sa plume, n'aura pas droit aux bourses alors qu'un notable parvenu à "être édité" peut y prétendre, même si ses ventes plafonnent à trente-huit livres (selon les chiffres publiés dans la presse, madame Christine Boutin n'aurait pas dépassé cette barre avec « *qu'est-ce que le parti Chrétien-Démocrate ?* », publié par l'*Archipel*).

De nombreuses bourses allèchent les écrivains et certain(e)s remplissent efficacement les dossiers : la Bourse Cioran (12 000 euros), des bourses d'écriture dont l'objectif est de « *permettre à un auteur de dégager du temps libre pour mener à bien un projet d'écriture* » (on a le droit de sourire... effectivement tout artiste se bat contre le temps pour gagner des heures utiles), des crédits de préparation (« *participation au financement de frais occasionnés par un projet d'écriture* » ; suffisamment vague pour permettre de nombreuses appréciations), des crédits de résidence (pour des écrivains accueillis dans des résidences... ce qui n'est peut-être pas très utile pour un auteur mais lui permet parfois de connaître du pays et collectionner des aventures pas forcément littéraires).

Les aides aux éditeurs sont encore plus nombreuses !
Le CNL souhaite « *contribuer au maintien et au développement de l'édition d'ouvrages de qualité et de vente lente en langue française.*
Tout éditeur en langue française, quel que soit son statut juridique, peut bénéficier d'une aide.
L'édition à compte d'auteur est exclue du champ des aides. »

Sur le papier l'auteur éditeur n'est pas exclu. Je n'ai jamais obtenu d'aide du CNL. Ni d'ailleurs, il est peut-être inutile de le préciser. Je suis pourtant en ventes très lentes ! Ou est-ce un problème de qualité ? Ils lisent les livres avant subventions ?

Il existe les subventions pour la publication (qui accompagne, naturellement « *la prise de risque économique d'un éditeur en faveur d'une production éditoriale de qualité* »), les subventions pour la traduction en français d'ouvrages étrangers, les subventions à la création et au développement de sites collectifs d'éditeurs et de libraires (l'idée que des auteurs créent un site individuel professionnel ne les a sûrement pas effleurés), les subventions exceptionnelles à la réimpression, les subventions pour la création d'une édition multimédia ou d'un projet numérique innovant (pour « *les éditeurs qui souhaitent réaliser une édition multimédia ou un site compagnon ou un projet innovant de diffusion numérique* » ; un *"site compagnon"*, formule d'un poète subventionné par le CNL ?), les subventions pour la numérisation rétrospective et la diffusion numérique de documents sous droits, les subventions pour la préparation de projets collectifs lourds, les subventions pour la prise en charge des coûts iconographiques, les subventions pour la traduction d'ouvrages français en langues étrangères, les subventions pour projets d'édition numérique (pour « *les éditeurs qui souhaitent numériser des ouvrages de fonds, en vue de proposer à titre payant des contenus en ligne ou sur d'autres supports numériques* » ; il coule à flots, le fric pour le numérique de certains !)

Et si les subventions ne suffisent pas, les éditeurs peuvent demander des prêts : prêts à la publication d'ouvrages, un prêt à taux zéro « *destinée à constituer un apport en trésorerie à un éditeur* » et des prêts économiques aux entreprises d'édition dont le taux n'est pas signalé mais destiné à « *accompagner le développement et favoriser la pérennisation des éditeurs indépendants.* » Le CNL semble tenir pour les éditeurs un rôle similaire à celui de l'Europe pour les agriculteurs.

Alors, pour décider de ces subventions, il existe naturellement de nombreuses commissions.
C'est un pouvoir dans la littérature.
La présentation officielle :
« *Réparties par discipline, les commissions sont composées de plus de 200 spécialistes indépendants nommés pour trois ans par le Ministre chargé de la culture, sur proposition du Président du Centre national du livre.* »
Je n'ai donc aucune chance de figurer dans l'une de ces commissions : ne connaissant ni le Président du Centre national du livre ni notre Ministre prétendu(e) de la culture ; qui plus est, aucun temps à perdre, même et surtout dans la gestion de « relations utiles. »
De nombreuses professions représentées : « *écrivains, universitaires, journalistes, chercheurs, artistes, traducteurs, critiques, éditeurs, libraires, conservateurs, animateurs de la vie littéraire.* » (non, il ne s'agit pas de l'appel de Coluche lors de sa candidature présidentielle)
Et ces gens travaillent, enfin pré-subventionnent, ils « *se réunissent généralement trois fois par an pour étudier les demandes de subventions, de prêts ou de bourses et donner au Président du CNL un avis sur l'attribution des aides.* »
On comprend que ces gens-là ne souhaitent pas que leur pouvoir soit remis en cause par un appel à moins de concurrence déloyale entre les écrivains et éditeurs subventionnés et les autres. J'ai

créé en 2005 http://www.nonauxsubventions.com pour dénoncer cette culture subventionnée qui asphyxie les initiatives individuelles.

Je ne lis pas toutes les péripéties du CNL. Quelque part, ça ne me concerne pas. Quand j'avais un rôle plus médiatique, avec http://www.lewebzinegratuit.com, j'avais repris un numéro consacré à l'édition, de *Lire*, en mars 2005, où Daniel Garcia signait un article intitulé « *Ces auteurs qui vivent de l'argent public.* »

Un extrait très significatif :

« *En 2004, 307 [bourses aux auteurs] ont été allouées pour un montant total de 2,9 millions d'euros. C'est à la fois peu et beaucoup. Ces bourses, en effet, ne constituent ni une aide sociale, ni une substitution de droits d'auteur, ni une quelconque récompense. Elles sont destinées à « permettre de souffler» à des auteurs qui ont fait leur preuve - et ont un métier à côté. Sauf que ce beau principe a été dévoyé dans les faits. Votées par des commissions spécialisées par disciplines (poésie, romans, sciences humaines et sociales, etc.) qui réunissent une vingtaine de membres (eux-mêmes auteurs), ces bourses ont fini par échapper à tout contrôle. En 1996, un rapport confidentiel de la Cour des comptes avait déjà épinglé un manque de transparence flagrant dans leur attribution. Verdict confirmé par un audit privé, lui aussi confidentiel, commandité par Eric Gross au début 2004. Il y avait donc urgence à remettre de l'ordre dans un système accaparé par des apparatchiks de l'intermittence littéraire.* »

Pourquoi ne pas insister ? Un autre extrait. Que Daniel Garcia en soit remercié : « *l'argent du contribuable doit-il encourager la paresse ? Servir d'ascenseur à la médiocrité ? Rimbaud aurait-il exigé d'être subventionné ? Rappelons que Julien Gracq, dont le premier livre, Au château d'Argol, paru en 1938, s'était royalement vendu à 300 exemplaires l'année de sa sortie, a travaillé jusqu'à l'âge de la retraite pour se préserver des contingences financières. Ce qui ne l'a pas empêché de produire l'œuvre que l'on sait, sans jamais rien réclamer.* »

Aucun changement fondamental de 1996 à 2005. Pourquoi y en aurait-il en 2015 ?

Le microcosme des subventionnés reste un pouvoir littéraire. Il existe donc des spécialistes de la chasse aux bourses, subventions, aides et avantages divers. Marie N'Diaye n'hésite pas à dénigrer la France, elle n'ira sûrement plus se servir à ces mangeoires grâce à son prix Goncourt mais elle aurait pu ne pas oublier avoir bénéficié d'un séjour de presque un an à la Villa Médicis de Rome (avec 3200 euros mensuels d'argent de poche) et de la bourse Jean Gattégno, notée, sur le site du CNL, de 50 000 euros.

Désormais les bourses sont attribuées sur des critères objectifs, sans copinage ni retour d'ascenseur ? Vous y croyez ?

Le budget et les listes des subventionnés du *Centre National du Livre* sont communiquées... mais il faut fouiner pour les trouver...

En 2011, le budget du CNL était de 45,55 millions d'euros et 187 créateurs littéraires se sont partagés 1 613 500 euros. Donc silence les auteurs, comme ces 187 élus vous pouvez manger au râtelier des aides...

45,55 millions d'euros ! « *Ces recettes proviennent à 79 % de deux taxes, soit 36,06 M€, suivant une courbe tendancielle déjà ancienne à la concentration et qui se continue ici (+ 2 points). La première de ces taxes, portant sur l'édition (0,2% des CA excédant 76 300 €), atteint 5,32 M€, marquant une augmentation conjoncturelle de 5,6 % (soit +0,28 M€) en raison des bons résultats de la filière sur l'exercice. La deuxième, portant sur les appareils de reproduction et d'impression, bénéficie d'une amélioration structurelle de 9,2 % (soit + 2,59 M€) sous l'effet du relèvement de son taux, à partir de 2010, de 2,25 % à 3,25 % : elle atteint ainsi 30,74 M€* »*

Donc même l'argent des auteurs inféodés à l'édition classique (les 0,2% des CA excédant 76 300 €, ce sont bien des sommes collectées sur les ventes de leurs livres), ces 5,32 millions d'euros ne reviennent pas aux auteurs... D'autres affectations sûrement plus utiles...

Un système qui met en avant les aides aux auteurs pour mieux se partager 96,5% du budget ! Mais naturellement ce système fonctionne grâce aux écrivains qui vivent sur l'espérance de toucher le jackpot. 28 000 euros, c'est en effet énorme, ça me permettrait de vivre plusieurs années... Le vingtième siècle démontra de manière extrême que toute dictature a besoin de collabos pour tenir. Les systèmes injustes puisent naturellement leur mode de fonctionnement dans cette boue de l'histoire. Le pire, s'il y a pire en la matière, étant que des auteurs-donneurs-de-leçons collaborent ainsi à la pérennité du monstre.

Quant aux 30 millions d'euros des taxes sur les appareils de reproduction et d'impression, il semble scandaleux que les utilisateurs continuent à accepter de les payer, sans même la justification qu'elles servent à la création comme s'en gargarisent les officiels et installés.

« *Décidées par le Président du Centre national du livre, après avis d'une commission ou d'un comité d'experts, les aides mises en œuvre par l'établissement sont exposées de façon détaillée dans le présent bilan, via une présentation par article budgétaire, puis par commission ou type d'accompagnement.* »
Les Bourses ne représentent, certes, en 2011, que 7,1% du budget consacré aux interventions.
9% aux "Activités littéraires" (des " Sociétés des amis d'auteurs" ont ainsi bénéficié de 165 000 euros + 2 474 836 euros aux "Subventions développement vie littéraire")
20,5% Subventions à l'édition (soit 6 027 070 euros)
Aides aux revues 1 124 135 euros.
Aides à la traduction 2 575 424 euros.
Projets spécifiques 178 558 euros.
Subventions à la publication 2 148 953 euros.

Le budget interventions en 2011 fut de 30 859 137 euros. Sur un budget global de 45 millions... Où passent les 15 millions ? En frais de fonctionnement ?

Donc, les bourses destinées aux créateurs littéraires où 187 bénéficiaires se sont partagés 1 613 500 euros. (alors que les 7,1% représentent une dotation finale de 2 133 860 euros... la différence est sûrement... ailleurs...)

Bourse de découverte : 3 500 euros. (47 aides)
Bourse de création : 7 000 euros. (89 aides)
Bourse de création : 14 000 euros. (43 aides)
Année sabbatique : 28 000 euros. (8 aides)

Les heureux bénéficiaires (naturellement, il est difficile de refuser de l'argent indispensable... si ce n'est pas moi, ce sera un autre... et personne n'entendra mon indignation... continue à crier Ternoise !)

Bande dessinée

ADAM Peggy : pour le projet Grisons (Suisse) 14 000 euros.
ALAGBE Yvan : Amour, histoire véritable (scénario et dessin) (département 26) 28 000 euros.
ARNAULT Mathilde : Rock Zombie ! 2 (scénario et dessin) (33) 3 500 euros.
BAUR Catherine : Vent mauvais (34) 7 000 euros.
BERNARD Frédéric : La patience du tigre, une aventure de Jeanne Picquigny (21) 14 000 euros.
BONNEAU Laurent : Max (75) 3 500 euros.
BOUDIER Germain : Le sentier (29) 7 000 euros.
BOUDJELLAL Farid : Le cousin harki (75) 7 000 euros.
BRAUD Claire : Romina Walser (scénario et dessin) (37) 3 500 euros.
CAILLEAUX Christian : Un crime (33) 14 000 euros.
CHAPRON Glen : Early morning (44) 14 000 euros.
CHIAVINI Lorenzo : Soufre (16) 7 000 euros.
CLAIRAT Guillaume : Les trois Frances (75) 14 000 euros.
COTINAT Luc : Journal d'un casanier (scénario et dessin) (35) 14 000 euros.
DEBEURME Ludovic : L'ombre du garçon (scénario et dessin) (75) 14 000 euros.

DEBOVE Sarah : Rock star locale (44) 3 500 euros.

DUCHAZEAU BENEIX : Frantz Projet autobiographique sur le thème de la résilience (75) 14 000 euros.

DUCOUDRAY Aurélien : Bosanska slika (36) 7 000 euros.

DUPUY Philippe : Les enfants pâles (dessin - scénario de Loo Hui Phang) (75) 7 000 euros.

FERLUT Nathalie : Eve sur la balançoire (16) 7 000 euros.

GILLOT Philippe : Boules de cuir (scénario et dessin) (94) 3 500 euros.

GUYOT Christian : Manouches (scénario et dessin) (75) 7 000 euros.

ING Phouséra : L'anarchiste (75) 14 000 euros.

KEU Chan : L'année du lièvre, tome 2 (69) 3 500 euros.

LAURENT Marion : Comment naissent les araignées (75) 3 500 euros.

LAVAUD Pierre : Le raccourci Hastings (16) 14 000 euros.

LE BORGNE : Christophe Nasty Suzy (75) 3 500 euros.

LECROART Etienne : Onze solos (93) 7 000 euros.

LEHMANN Matthias : Mes amis me vengeront (scénario et dessin) (75) 7 000 euros.

LEVAUX Aurélie : Sans titre, sur le thème autofictif d'une relation amoureuse à distance (scénario et dessin) (Belgique) 7 000 euros.

LONG Jean-Christophe : Le monstre, love transformer (24) 3 500 euros.

LOYAU Grégoire : Le solitaire (26) 3 500 euros.

MAHMOUDI Halim : Noir et amer comme un café sans sucre (31) 3 500 euros.

MARY Donatien : Stubb (75) 3 500 euros.

MICHAELIS Fanny : Avant mon père aussi était un enfant (scénario et dessin) (75) 3 500 euros.

MONPIERRE Roland : Saint-Georges, tome 2 : La légende de Fatras-Bâton (scénario et dessin) (75) 3 500 euros.

PAILHARET DIT MARION MOUSSE Pierrick : Une histoire de Louise Brooks (13) 7 000 euros.

PERRET Olivier : Joshua River Junior (scénario et dessin) (59) 3 500 euros.

PONTAROLO Frédéric : Deux Roméo sous un arbre (67) 7 000 euros.

POOT Christophe : Graham Schalken à Stockholm (Belgique) 7 000 euros.

REUZE Emmanuel : La vie de jésus (35) 14 000 euros.

RICARD Sylvain : Toi au moins, tu es mort avant (scénario - dessin de Daniel Casanave, d'après l'ouvrage de Chronis Missios) (75) 7 000 euros.

SCHEMOUL Gabriel : L'étrange histoire de Peter Schlemihl (dessin, scénario d'après l'œuvre de Adelbert Von Chamisso) (13) 14 000 euros.

Ces 43 bénéficiaires en Bande dessinée se sont partagés 353 500 euros.

Littérature jeunesse

ALBERT Adrien : Simon (album) (49) 7 000 euros.

BRISSOT Camille : L'aventurier et le fantôme (26) 7 000 euros.

CARRE Claude : La Croix du Sud (roman) (89) 7 000 euros.

COUPRIE Catherine : Dictionnaire fou du corps (52) 14 000 euros.

DELAUNAY Jacqueline : Amba, tigre de l'Amour (39) 14 000 euros.

FDIDA Jean-Jacques : Yona et la Belle au Bois dormant (67) 28 000 euros.

FORTIER Nathalie : Le colibri / Plupk (45) 14 000 euros.

GAUTHIER Philippe : Le voyage de Lily Fil (93) 14 000 euros.

GEHIN Elisa : L'ordre des chats (75) 14 000 euros.

GUERAUD Guillaume : Post-mortem (13) 7 000 euros.

HE Yuhong : Mes images de Chine (75) 14 000 euros.

KARALI Olivier : Maison, côté obscur (81) 14 000 euros.

LE GAC Gwen : Douze (93) 7 000 euros.

LE GENDRE Nathalie : Histoire d'anges (44) 7 000 euros.

LE ROY Boris : Utopia, au moindre geste (92) 7 000 euros.

LEVEQUE Jenny : Atlantis (roman) (76) 3 500 euros.

LEYMARIE Marie : Nous aurons besoin l'un de l'autre (21) 7 000 euros.

LIGNERIS Charlotte des : Après la mort ? (album) (44) 7 000 euros.

MEUNIER-COUCHARD Henri : Rébus / Les contes (33) 28 000 euros.

MOREAU Jean-Pierre : Réalisation d'un atlas imaginaire (75) 28 000 euros.

MORNET Pierre : L'anniversaire (75) 7 000 euros.

PERRET Delphine : Premier étage gauche (69) 7 000 euros.

PERRIN Clotilde : La chaussette bleue (67) 7 000 euros.

RAMSTEIN Anne-Margot : Faune et Flore (69) 14 000 euros.

SOUZA Marie-France : Par-dessus la tête (31) 14 000 euros.

TROLLEY DE PREVAUX Marion : Dure-à-cuire (75) 7 000 euros.

TROUFFIER Sophie : A la source des nuages - Moana 3 (44) 3 500 euros.

VERNETTE Véronique : Album sur un quartier d'Abidjan (42) 7 000 euros.

Ces 28 bénéficiaires en Littérature jeunesses se sont partagés 315 000 euros.

L'album sur un quartier d'Abidjan de Véronique VERNETTE sera-t-il plus intéressant que mon témoignage ?

Littératures étrangères

BOKOV Nicolas : De la part du destin (projet de roman en russe) (75) 7 000 euros.

DE FRANCESCO Alessandro : La vision à distance (prose-poésie semi narrative, poèmes et textes visuels) (75) 7 000 euros.

KIRIKKANAT Iclal Mine : Projet de roman policier en langue turque (75) 7 000 euros.

RODRIGUEZ LINAN Miguel : Projet de roman en espagnol (13) 3 500 euros.

SARTORI Giacomo : Projet de roman en italien (75) 14 000 euros.

SEN Urmimala : Projet de roman en anglais (75) 3 500 euros.

Ces 6 bénéficiaires en Littérature étrangères se sont partagés 42 000 euros.

Poésie

BENAZET Luc : Projet sans titre (75) 3 500 euros.

BOUQUET Stéphane : Les amours suivants (75) 14 000 euros.

CHAMBARD Claude : Un nécessaire malentendu, V : Tout dort en paix, sauf l'amour (33) 7 000 euros.

COURTADE Fabienne : Le livre à venir (75) 28 000 euros.

COURTOUX Sylvain : Stilnox et Poète, c'est crevé (87) 7 000 euros.

CREMER Stéphane : Compost / Composta poème traduit en portugais du Brésil (75) 7 000 euros.

DEMANGEOT Cédric : Une inquiétude (09) 14 000 euros.

DIESNER Sébastien : Pamela (Belgique) 7 000 euros.

DOYEN Franck : Littoral (54) 7 000 euros.

DUMOND Frédéric : Attracteurs étrangers (93) 3 500 euros.

FUSTIER Romain : Mal de travers Infini de poche (03) 7 000 euros.

GRIOT Fred : UUuU (75) 7 000 euros.

JOURDAN Michel : Passerelles en brins de raphia vers d'incertains campements (34) 7 000 euros.

KAWALA Anne : Limites (75) 7 000 euros.

LAABI Abdellatif : Recueil de poésie (94) 14 000 euros.

LE CAM Claire : Quand les seins rebondissent et que brame le cerf (93) 3 500 euros.

LE DEZ Mérédith : Couteau de la nuit (22) 3 500 euros.

LEBRUN Guillaume : Sans titre (75) 3 500 euros.

LOIZEAU Sophie : La femme lit écrit (78) 7 000 euros.

MARTINEZ Cyrille : Jeune artiste poète inédit Un homme à la batterie (75) 7 000 euros.

MWANZA MUJILA : Fiston Le fleuve dans le ventre (Autriche) 3 500 euros.

PADELLEC Lydia : Poètes. Anthologie de poésie contemporaine (40 poètes) associée à des poèmes de l'auteure (78) 3 500 euros.

PENNEQUIN Charles : Trou type (59) 14 000 euros.

RANNOU Franck : Rapt (35) 7 000 euros.

ROUSSET Marie-Claude : Conversation avec plis (63) 14 000 euros.

ROUZEAU Valérie : Autoportrait(s) avec ou sans moi (93) 28 000 euros.

STUBBE Gwenaëlle : Mater est filius (75) 14 000 euros.

SUCHERE Éric : Deux projets : Mystérieuse et Time capsule (75) 7 000 euros.

TARDY Nicolas : Paysage avec caméras (13) 7 000 euros.

TSAKANIKAS-ANALIS Demetre : Les hommes, le temps, les lieux (Grèce) 7 000 euros.

VILGRAIN Bénédicte : Une grammaire tibétaine : du chapitre 9 au chapitre 10 (21) 7 000 euros.

Ces 31 bénéficiaires en Poésie se sont partagés 276 500 euros.

Roman

ADAM Philippe : Jours de chance Du Sexe ou pornotypes (75) 14 000 euros.

AGRECH David : China club (95) 3 500 euros.

ALBERT Jean-Max : Les Querpéens, tome 2 (75) 3 500 euros.

ARFEL Tatiana : Aurélien ou quand je n'étais pas là (34) 7 000 euros.

ASTIER Ingrid : Angle mort (75) 3 500 euros.

BEAUNE François : L'entresort, histoires vraies de Méditerranée (69) 14 000 euros.

BELASKRI Yahia Sebdou 1894 (75) 7 000 euros.

BENINCA Lise : Roman autour de trois personnages : un artificier, un non voyant et une femme âgée (75) 7 000 euros.

BENMILOUD Yassir : Si Dieu peut (75) 7 000 euros.

BERGAMINI Alexandre : Autobiographie fantasmée abordant entre autres les thèmes du voyage, de l'amour et de la dépression (01) 14 000 euros.

BLOTTIERE Alain : Roman enchevêtrant les univers de deux adolescents, l'un vivant à Paris en banlieue résidentielle et l'autre au Caire dans une banlieue misérable (75) 14 000 euros.

BON François : Autobiographie des objets (37) 14 000 euros.

BORATAV David : La vie artistique (roman d'apprentissage d'un jeune européen ambitieux) (75) 3 500 euros.

BUISSON Laure : Roman autour de Jeanne de Belleville, fille et épouse de seigneurs bretons du XIVe siècle (75) 7 000 euros.

CALIGARIS Nicole : 1003 (roman formé de récits autonomes nés d'une brève de presse) (75) 7 000 euros.

CHATELIER Patrick : Trois pères (93) 7 000 euros.

CHIARELLO Fanny : Roman présentant un groupe d'amis soudés autour d'une obsession commune : la culture populaire américaine, musicale en particulier (59) 14 000 euros.

CHOLODENKO Marc : Projet portant sur l'imitation, le faire comme si (75) 28 000 euros.

CLERC Agnès : Le gréeur (75) 7 000 euros.

COMMERE Hervé : Roman policier sous la forme d'une longue lettre que le narrateur adresse à sa femme (35) 3 500 euros.

CONDOU Isabelle : Un pays qui n'avait pas de port (33) 7 000 euros.

DA SILVA Didier : Récits du promeneur nocturne (13) 7 000 euros.

DAKPOGAN Habib : Le colonel civil (Benin) 7 000 euros.

DESBETS Alexandre : 1er volume de la trilogie Mama (œuvre d'anticipation cyberpunk) (84) 7 000 euros.

DIVRY Sophie : La condition pavillonnaire (69) 3 500 euros.

DOUIBI Rabéa : Le vent de la discorde (Algérie) 3 500 euros.

EID Nadine : Un silence de terre rouge (récit de voyage à Madagascar dont le nœud central est un meurtre) (75) 3 500 euros.

FRADIER Catherine : Le stratagème de la lamproie (roman d'espionnage) tome III de la trilogie Cristal Défense (26) 7 000.

GALLOIS Anne : Pauvre petit village riche (75) 7 000 euros.

GAUDY Hélène : Un roman sur l'imposture à partir d'un fait divers : un jeune adulte se faisant passer pour un adolescent disparu (75) 7 000 euros.

GENDRON Sébastien : Révolution (33) 7 000 euros.

GRANDJEAN Julien : La gueule du loup (54) 7 000 euros.

GUEZENGAR Claire : Soins intensifs dandy (75) 7 000 euros.

HENRY Léo : Hildegarde (67) 7 000 euros.

HIRSCH Mikaël : Notre Dame des vents (75) 3 500 euros.

HOMASSEL Anne-Sylvie : Zang (roman mêlant anticipation et fantastique) (94) 7 000 euros.

JAN Guillaume : En morceaux (75) 3 500 euros.

JANNIN Bernard : Vie très intime d'H.P (75) 7 000 euros.

JULLIEN Michel : Roman autour du travail de copiste de Raoulet d'Orléans (75) 7 000 euros.

KHELIL Mourad : Portrait de jeune fille en folle (75) 3 500.

KLOETZER Laurent : Anamnèse de Lady (Suisse) 7 000 euros.

LARNAUDIE Mathieu : Acharnement (roman explorant la question du langage politique) (75) 7 000 euros.

LEFEBVRE Noémi : L'état des sentiments à l'âge adulte (roman évoquant la période contemporaine sous le regard d'un vieillard et de ses deux aides à domicile) (38) 3 500 euros.

LUCAS Claude : Fiction : récit de l'enquête d'un détective autour du mystérieux expéditeur d'une lettre inquiétante (29) 7 000 euros.

MARGUERITE Dominique-Margot : Roman : une vieille femme, son fils et son petit fils un dimanche dans un appartement (46) 3 500 euros.

MARTENS Michel : Le marteau de Dieu (75) 7 000 euros.

MASSERA Jean-Charles : Bon sinon, par rapport aux nanas qu'est ce qu'on fait ? (75) 14 000 euros.

MBAYE BILEOMA Marietou : Cac(a)phonies (Sénégal) 7 000 euros.

MEDDI Adlène : 1994 (regard porté par des lycéens transformés en barbouzes sur les violences des années 1990 en Algérie) (Algérie) 7 000 euros.

MINARD Céline : Great smokings mountains (75) 7 000 euros.

NOLLET Estelle : Roman autour d'un gardien de parc en Afrique noire (91) 14 000 euros.

OTTE Jean-Pierre : L'amour, une affaire française (46) 14 000 euros. Un lotois ! Jamais croisé dans un salon... Il est vrai qu'elles deviennent rares mes apparitions en ces lieux où les organisateurs soit délèguent aux libraires soient exigent le paiement d'une place...

PARISIS Jean-Marc : Roman sur l'exil intérieur et physique, le voyage en soi et la traversée géographique de quelques frontières (75) 7 000 euros.

PESSAN Eric : La marée des ancêtres (44) 7 000 euros.

RADFORD Daniel : Le mainate (75) 3 500 euros.

RANDOIN Romain : No present (portrait des années 1990 en France par une galerie de personnages décalés, drôles et tragiques) (69) 3 500 euros.

ROZIER Gilles : Daltonien (75) 7 000 euros.

SABATIE Emmanuel : La neige ne fond pas au soleil (66) 7 000 euros.

SAGALOVITSCH Laurent : Un juif en cavale (92) 7 000 euros.

SALAUN Lionel : Roman se situant en France dans les années 50 et ayant pour cadre une cité populaire (73) 3 500 euros.

SASSI Marie-Bénédicte : La mémoire de la goutte d'eau (75) 3 500 euros.

SEONNET Michel : Roman sur une femme partant au Maroc à la recherche d'anciens soldats goumiers de son père disparu en Indochine avant sa naissance (91) 14 000 euros.

SEVESTRE Alain : Scott (75) 28 000 euros.

SPILMONT Jean-Pierre : Maria (73) 7 000 euros.

TRAN-NHUT Thanh-Van : Roman mêlant histoire, sciences et fantastique, se déroulant au XIXe siècle à Hong Kong (94) 7 000 euros.

ULYSSE Louis-Stéphane : Sorcier blanc (75) 14 000 euros.

VENTURA Avril : Roman : questionnement sur la folie à travers le parcours de Paul, le personnage principal (75) 3 500 euros.

VILAIN Philippe : Roman sur les amours contrariées de Raphaël, universitaire français et de Francesca, étudiante italienne (75) 7 000 euros.

VISCOGLIOSI Fabio : Agents doubles (69) 7 000 euros.

Ces 69 bénéficiaires en Roman se sont partagés 539 000 euros. Finalement, c'est sûrement le bon chiffres de subventionnés. Il faut qu'un chiffre parle !

Théâtre

AZIZI Lazare : Rabah Robert touche ailleurs que là où tu es né (75) 7 000 euros.

CHENEAU Ronan : Nouvelles vagues (75) 7 000 euros.

HADJAJE Jacques : La joyeuse et probable histoire de Superbarrio, que l'on vit s'envoler un soir dans le ciel de Mexico (94) 3 500 euros.

LEMOINE Jean-René : Autoportraits rêvés (75) 14 000 euros.

MADANI Ahmed : Je marche la nuit sur un chemin mauvais (78) 14 000 euros.

MILIN Gildas : Toboggan (93) 7 000 euros.

NOZIERE Anna : La petite (33) 3 500 euros.

PELLET Christophe : Le jour où je serai vivante (75) 14 000 euros.

PIERRE Sabryna : Sauve-qui-peut Sara (69) 3 500 euros.

RICHARD Dominique : Premiers engagements (92) 14 000 euros.

Ces 10 bénéficiaires en Théâtre se sont partagés 87 500 euros.

43 bénéficiaires en Bande dessinée se sont partagés 353 500 euros.

28 bénéficiaires en Littérature jeunesses se sont partagés 315 000 euros.

6 bénéficiaires en Littérature étrangères se sont partagés 42 000 euros.

31 bénéficiaires en Poésie se sont partagés 276 500 euros.

69 bénéficiaires en Roman se sont partagés 539 000 euros.

10 bénéficiaires en Théâtre se sont partagés 87 500 euros.

47 bourses de découverte à 3 500 euros.
89 bourses de création à 7 000 euros.
43 bourses de création à 14 000 euros.
8 années sabbatiques à 28 000 euros.

Si vous souhaitez figurer un jour dans cette liste (avant la vraie révolution numérique où ces organismes devront être fermés ou restructurés), l'auto-édition, ce n'est pas pour vous : faites-vous des relations utiles ! Que sont leurs projets devenus ?

Scène du Quercy selon la bergère...

Pierre Desproges (plutôt que Stéphane Hessel)

Pierre Desproges fut plutôt « anar de droite » ?

Pierre Desproges, publié de son vivant et de son cancer gagnant, au *Seuil*, maison rachetée en 2004 par Hervé de La Martinière, classé 472ème fortune de France par capital.fr.

En note de l'éditeur du pavé « *Tout Desproges* » de 2008, je lis « *C'est aussi un hommage des Editions du Seuil à un auteur qui, de son vivant puis à travers ses ayants droit, nous a toujours fait confiance et à qui nous devons beaucoup.* »

Pierre Desproges, dans « *vivons heureux en attendant la mort* » : « *Rarement, au cours de l'histoire du monde, une profession n'aura été autant controversée que celle d'éditeur. Aujourd'hui encore, on accuse les éditeurs d'exploiter les auteurs. Dieu merci, ce n'est pas l'avis de tous.*

À la question : "les éditeurs sont-ils un mal nécessaire ?" 100% des maquereaux de Pigalle interrogés répondent : "Oui, bien sûr. Si y a personne pour les pousser au cul, les livres y restent dans la rue au lieu de monter dans les étages." »

De Pierre Desproges, il m'arrive régulièrement de reprendre « *je me heurte parfois à une telle incompréhension de la part de mes contemporains qu'un épouvantable doute m'étreint : suis-je bien de cette planète ? Et si oui, cela ne prouve-t-il pas qu'eux sont d'ailleurs ?* » (*non compris*, 12 juin 1986)

Naturellement, les « *artistes engagés qui osent critiquer Pinochet à moins de 10 000 kilomètres de Santiago* », ne peuvent risquer de se fâcher avec le monde de l'édition.

Pierre Desproges, au sujet de ses propres compromissions, s'il s'en reconnaissait, notait « *me compromettre vraiment, non, mais j'ai participé à certaines émissions auxquelles je suis fier de ne plus participer maintenant. Certaines émissions avec des gens avec qui je ne me sentais pas à l'aise... J'ai fait des émissions de télé que je n'aurais pas dû faire... Mais enfin je ne serais pas allé à une émission que fait Poivre d'Arvor actuellement, et je pourrais vous citer plein d'autres noms. J'aime mieux mourir dans d'atroces douleurs que d'aller poser mon cul à côté de ces gens-là.* »

Dans mes "*ces gens-là*" (*...il faut vous dire monsieur, que chez ces gens-là...*), je suppose que vous avez deviné qu'y figurent nos grands éditeurs grandes fortunes. Je n'ai pas pu dépasser les *rencontres d'Astaffort* de Francis Cabrel et Richard Seff, et le chantier des *francofolies* de La Rochelle. Ce furent mes petites compromissions, qui me permirent d'écrire le roman « *La faute à Souchon ?* »

Encore une citation de Pierre Desproges, certes relativisable car il la prononçait dans l'aisance financière : « *Je préfère être dans la misère que de m'abaisser à des choses qui ne me plaisent pas.* »

Jusqu'à quelle compromission faut-il descendre dans l'édition ? Publier simplement pour l'honneur ? Dans « *Ce que gagnent les écrivains* », un dossier du mensuel *Lire* d'avril 2010 : « *"À côté de ces contrats en or* [ceux de stars]*, Gallimard propose parfois un taux fixe de 7 % de droits pour des premiers romans"*, soupire un avocat. *"Vous savez, certains auteurs seraient prêts à publier gratuitement pour être édités dans la Collection Blanche"*, objecte-t-on rue Sébastien-Bottin.* »

(le 5 rue Sébastien-Bottin est depuis devenu le 5, rue Gaston-Gallimard. Mais le 9, rue Sébastien-Bottin a réussi à garder vivace la trace de l'auteur de « *Sur la Distillation des pommes de terre dans les ci-devant départements de la rive gauche du Rhin, et des avantages qu'elle procure pour la culture des terres et pour la nourriture des bestiaux* » de 1811 et autre ouvrages aux titres aussi complets ; Monsieur Delanoë fut donc un adorable maire de Paris !)

Trouver la solution...

Comme un écrivain indépendant

La guerre continue, écrivait Jack-Alain Léger

En 1997 Jack-Alain Léger publiait *Ma vie (titre provisoire)*, une présentation de sa confrontation à l'univers de l'édition, se ponctuant par « *Hé bien ! La guerre continue, la guerre pour trouver ce minimum de paix nécessaire, un éditeur, un contrat, de quoi tenir encore quelques mois. J'en suis là.* » Signer un contrat, empocher un à-valoir, si modeste soit-il, écrire sur commande tout et n'importe quoi. Face aux auteurs en grandes difficultés quotidiennes, les éditeurs apparaissent comme des mastodontes financiers. Dix pages plus tôt, l'auteur notait « *où se situe la ligne de partage entre le compromis acceptable et l'inadmissible compromission ?* »

Ma guerre peut sembler très éloignée de la sienne mais c'est bien deux portes du même conflit : nous souhaitons vivre de nos écrits, décemment, avec le moins possible de compromissions.

J'aime *Ma vie (titre provisoire)*, publié par *Salvy* (non, pas Malvy). J'avais d'abord cru qu'il s'agissait d'auto-édition mais "Salvy éditeur" fut créé par un certain Gérard-Julien Salvy. Un petit éditeur, peu visible.

Jack-Alain Léger fit une entrée fracassante dans le monde des lettres en 1976, avec "*Monsignore*", chez Robert Laffont : trois cent mille exemplaires, adaptation au cinéma, traduction en vingt-trois langues. Ses livres suivants ne parvinrent pas à renouveler le succès. "*Ma vie (titre provisoire)*" est donc le résumé de cette chute dans la considération du milieu littéraire. Néanmoins, au même moment, il réussissait une nouvelle percée, sous le pseudonyme de Paul Smaïl, un nouveau best-seller "*Vivre me tue*". Ce « *témoignage d'un jeune beur* » publié chez Balland était donc fictif, ce qui choqua certains, quand l'identité de l'auteur fut connue, en l'an 2000. Sûrement les critiques qui ne l'aimaient pas et se sont retrouvés à promouvoir ce texte ! Vive les pseudonymes ! Comme si la littérature, ce n'était pas un jeu de rôles !

« *J'ai su alors ce que peut nourrir de haine à l'endroit d'un écrivain uniquement écrivain la pègre des gens de lettres dont Balzac a si exactement dépeint les mœurs dans* Illusions perdues*, mœurs qui n'ont pas changé, si ce n'est en pire : vénalité, futilité, servilité.*

J'avais perdu mes dernières illusions sur ce milieu dont les pratiques ressemblent tant à celles du Milieu : parasitages de la production, chantages à la protection, intimidations, etc. Publication de livres que l'éditeur juge médiocres ou invendables mais qu'il surpaie à des auteurs disposant d'un pouvoir quelconque dans les médias... (...) Fabrication par des nègres et des plagiaires d'une fausse littérature qui, comme la mauvaise monnaie, chasse la bonne... Calomnies et passages à tabac pour les rares francs-tireurs. « Nous avons les moyens de vous faire taire définitivement ! » me dit, sans rire, un critique, par ailleurs employé d'une maison d'édition et juré de plusieurs prix littéraires auquel j'ai eu le malheur de déplaire. Je n'étais d'aucune coterie, détestant ces douteuses solidarités fondées sur des affinités sexuelles, politiques ou alcooliques, voir une simple promiscuité au marbre d'un journal ou à la table ovale d'un comité de lecture ; j'étais puni. On me faisait payer cher de n'avoir jamais eu de "parrain". »

En 1997, je publiais « *Assedic Blues, bureaucrate ou quelques centaines de francs par mois* », un objet littéraire déjà "choix social" et il tentait de tenir en reprenant la technique de Romain Gary : quand les médias ont décidé que tu ne devais plus exister, change de masque. Mais il faut un minimum de relations, donc peut-être de compromissions, pour ce genre de rôles. En 2013, j'ai puisé dans les dernières économies, tout en vivant de très très peu pour tenir et il s'est suicidé. Depuis, je tiens...

Le 17 juillet 2013, c'est par un tweet m'étant destiné que maître Emmanuel Pierrat informait le monde du suicide de l'écrivain en lutte.

> @ternoise je sors du commissariat et irai a la morgue demain : Jack-Alain Léger, dont j'étais le tuteur, s'est défenestré. Je le pleure.

Devant un choix de vie

J'ai 46 ans, ce qui me semble encore tôt pour le suicide, donc je l'exclus mais ne peux m'empêcher de penser à Michel Champendal et son amer constat « *il n'existe de nos jours aucune perspective de ventes de livres pour un petit éditeur parisien...* »
Qui plus est, athée, je n'ai que cette vie pour vivre [comme tout le monde, certes. Mais sans illusion]. Donc je n'irai pas m'immoler devant le bureau de monsieur Martin Malvy ! La *Dépêche du Midi* n'aura pas le plaisir de consacrer sa une à la larme dans l'œil gauche du grand homme (oui, la fumée peut susciter une réaction lacrymale).

Avant 2011, j'ai tenu principalement grâce aux revenus des sites Internet, les "droits dérivés" de mes écrits. Oui, offrir une version numérique en demandant l'inscription à une offre "partenaire" a fonctionné. Je leur consacrais environ 60% de mon temps de travail. En 2012, l'écriture (et la réalisation des livres numériques) occupa environ 90% de ces heures, avec une formidable progression des ventes, réalisées principalement sur Amazon, Itunes, Kobo, Fnac et la librairie de mon edistributeur Immateriel.
Mais vivre avec pour seules rentrées 600 euros par mois, immédiatement engloutis dans les charges professionnelles, est-ce possible ? Certes, il suffirait de multiplier par trois les ventes pour passer ce tunnel. Cette croissance des revenus est envisageable... mais pour l'atteindre, il me faut tenir ! Donc continuer à écrire, publier, romans, essais, livres d'art, me promouvoir... L'émergence d'un "marché juste", non verrouillé par les installés, donc "la lumière", c'est pour quand ? Les politiques semblent tellement au service des oligarchies... Je me sens dans un long tunnel... Oui, "un jour" le numérique représentera un marché suffisant où mon catalogue, même sans promotion exceptionnelle, peut me permettre de retrouver des revenus de smicard... si d'ici là je n'ai pas été exclu des sites

majeurs de ventes (par des lois, des frais fixes de droits de vente, qui rendraient l'indépendance impossible ; dans ce cas, la fuite hors de France serait bien indispensable) Quant au livre en papier, peut-on espérer une réaction des lectrices et lecteurs, leur refus d'entrer dans des librairies où ne peuvent être acquis que les livres de l'oligarchie ? J'en doute !

C'est là qu'une bourse de 8000 euros présenterait une véritable cohérence, pour soutenir une louable démarche littéraire, un projet exemplaire (je sais bien : si les politiques soutiennent l'indépendance, où éditeront-ils leurs livres ? et qui leur fera des petits cadeaux qui entretiennent l'amitié ?). Mais comme je vous l'expose, la région, le département et l'état, s'ingénient à soutenir les installés contre les velléités des écrivains qui osent chercher une solution pour vivre libre et dignement !
Naturellement, on pourrait me conseiller de trouver un juste milieu et de reprendre la gestion des sites Internet... mais ce travail trop informatique ne garantirait pas de revenus immédiats... à cause d'une concurrence de plus en plus effrénée (je n'entre pas dans le détail des ressources d'un site Internet gratuit). Si le « juste milieu » du 50 / 50, écriture / informatique, me permettait de tenir, j'opterais peut-être pour cette approche raisonnable. Peut-être, car la littérature, là où j'en suis, c'est du 100 % (je range désormais la photographie dans la littérature, tellement j'ai l'impression de parler dans certains choix)
Les oligarchies ont gagné également dans la culture : qui refuse leur système est marginalisé, ghettoïsé. La guerre contre Google vise également à restreindre les ressources des sites Internet indépendants... (et Google semble disposé à "un partage du monde", des accords dans chaque domaine avec les incontournables).

Donc, comment vivre ici, en France, dans le Lot. Je sais bien que la virginité peut se négocier plus de 700 000 euros mais pour une femme, l'homme n'obtenant que 3 000. Et comme je l'ai précisé, mes 17 ans sont loin ! Tout ceci pour aborder de manière un peu décalée la prostitution. Me prostituer ? Ce qui n'est pas forcément sexuel. Trouver un travail ailleurs ? C'est-à-dire revenir dans le système quitté en 1993 ? Après tant de temps, je dois être inemployable ! Exit la prostitution sous toutes ses formes (ce n'est pas un véritable écrivain car il exclut le suicide et la prostitution !)

Alors ? Avec 600 euros par mois, on peut vivre dans certains pays d'Afrique. Certes, pour obtenir une connexion Internet, obligation de vivre dans une capitale. Je suis pourtant de la campagne mais là-bas les charges fixes n'engloutiraient pas l'ensemble...

Un système : des responsables et coupables

Monsieur Martin Malvy s'est imposé dans ma vie. Il en est devenu le symbole des blocages. J'ai hésité sur le terme ! Pourtant, il s'agit d'un « homme de gauche », selon la classification actuelle. Il s'agit même d'une personnalité sûrement très talentueuse car la liste qu'il mena aux dernières élections régionales triompha. Mais l'oubli se charge des hommes honorés ! Qui se souvient de Louis Malvy, député du Lot de 1906 à 1919 puis de 1924 à 1940, ministre de l'Intérieur lors de la Première Guerre mondiale. Il fut arrêté sur ordre de Clemenceau et, à l'issue de deux jours d'audience au Sénat, condamné par la haute cour de justice le 6 août 1918, innocenté du crime de trahison mais reconnu « *coupable d'avoir - agissant comme ministre de l'intérieur dans l'exercice de ses fonctions - de 1914 à 1917, méconnu, violé et trahi les devoirs de sa charge dans des conditions le constituant en état de forfaiture et encouru ainsi les responsabilités criminelles prévues par l'article 12 de la loi du 16 juillet 1875.* » Il fut condamné à 5 ans de bannissement, partit en exil en Espagne, fut amnistié en 1924 et sera réélu l'année même député du Lot. Il redeviendra ministre de l'intérieur en 1926. Le 10 juillet 1940, à Vichy, il vota les pleins pouvoirs au Maréchal Pétain, sera ainsi frappé d'indignité nationale et inéligibilité pour 10 ans en 1945. Mais il est mort avant, le 10 juin 1949. Son petit-fils, Martin Malvy, avait alors 13 ans. La filiation est passée par Charles, avocat, qui dirigea, à partir de 1935, « *La Gauche Quercynoise* », un journal dit antibolchevique, à la réjouissante devise "*Ordre, Travail et Propriété*". Il fut "simplement" conseiller général du Lot. Son fils, Martin donc, passé par le journalisme et la *Dépêche du Midi*, le devint à 34 ans, en 1970 (à 32 ans, il se présentait déjà aux législatives), dans le canton de Vayrac (il le resta jusqu'en 2001, bien qu'il devint maire de Figeac, à soixante kilomètres de là, dès 1977 et également jusqu'en 2001, où il "prit de la distance", en glissant adjoint au maire).
Durant sa période de ministre du Budget, 1992 - 1993, quand le

cumul des mandats suscitait peu de contestations, il était donc également : conseiller général du Lot, Conseiller régional Midi-Pyrénées, maire de Figeac.

Le père de Louis s'appelait déjà Martin, directeur d'une miroiterie. De 1892 à 1919 il fut maire de Souillac (nord du Lot, à 65 kms de Figeac), où il existe une avenue Martin-Malvy (et un boulevard Louis-Malvy).
Vieille famille lotoise de la politique, donc. À laquelle il faut ajouter le mariage, en 1901, de Louis Malvy avec Louise de Verninac, la fille d'une famille dite "de la noblesse provinciale", famille qui "donna à la France" des ministres sous Louis XVI mais s'acclimata à la République : le beau-père de Louis Malvy, Charles de Verninac fut président du Conseil général du Lot et sénateur du Lot (né le 18 mai 1841 à Rochechouart en Haute-Vienne et mort le 12 mai 1901 à Baladou, village d'alors 563 habitants, baladines et baladins, à 10 kilomètres de Souillac), où il exerça la vice-présidence du 11 juillet 1898 à sa mort.
Comme moi, Martin Malvy figure en "auteur" sur Amazon.

- « *Des racines, des combats et des rêves* » publié chez Michel Lafon (à ne pas confondre avec Éditions Robert Laffont) le 7 octobre 2010, un recueil d'entretiens avec deux journalistes, Jean-Christophe Giesbert et Marc Teynier.

« *Pourquoi ce livre ?* »

C'est Jean-Christophe Giesbert et Marc Teynier qui lui ont proposé l'idée de faire ce livre. « *Ancien journaliste, j'ai toujours envie d'écrire. Mais j'en ai rarement le temps* », *explique-t-il.* « *Nous avons fixé un rendez-vous en fin d'après-midi un dimanche. Après le premier, je ne pouvais pas arrêter. Nous nous sommes donc vus 7 à 8 dimanches. J'ai répondu à leur question en fumant des cigarettes et en buvant du whisky. On a passé des bons moments* ». » [votre noterez le singulier : leur question ; suffisante pour faire un livre ?]

Signé : E.D. dans un article du 4 novembre 2010 de leur

Dépêche du Midi en ligne quand il s'est rendu à la librairie Surre de Foix dédicacer "son" livre.

Un livre rédigé après 7 à 8 dimanche de conversations. Je doute qu'après une pareille expérience monsieur Malvy puisse comprendre la vie d'un écrivain... Je ne fume pas et ne bois jamais de whisky.

- Le 25 mars 2013 est sorti « *Pour décoincer la France : Décentralisons !* » de Martin Malvy et Nicolas Bouzou. 96 pages, publiées par Privat, éditeur basé à Toulouse. L'un de ces "bons éditeurs" régionaux qu'il faut soutenir, sûrement...

Philippe Terrancle, *Editions Privat*, figure d'ailleurs dans le groupe de travail régional sur le livre numérique...

J'ai alors publié "*Quand Martin Malvy publie un livre : questions de déontologie*". Livre invisible.

Le seuil de pauvreté en France

Dans notre pays riche, l'Insee calcule un seuil à 60 % et un seuil relatif correspondant à la moitié du revenu médian.

Le seuil de pauvreté serait pour la France celui de 50 %, et 60 % pour l'Union européenne.

Ainsi, pour une personne seule, le seuil de pauvreté relatif est de 822 euros (seuil à 50 %) ou de 987 euros (seuil à 60 %). Les chiffres sur le site de l'Insee sont ceux de 2012. En 2012 j'ai vécu avec moins de 800 euros mensuels. J'ai eu l'impression, néanmoins, de vivre correctement, sans vraiment me priver. Les fruits et légumes du jardin sont tellement délicieux. Quant aux œufs, si les poules ne pondent pas, je m'en prive, ne souhaitant risquer une indigestion avec des produits tellement délicats (ce qui m'est arrivé en 1995 lors de vacances). Les aliments les moins chers sont ceux de saison, manger des fraises ou des tomates en novembre ne me semble pas indispensable (et non recommandé à cause du goût). De même, pour l'habillement et les loisirs, mes frais restent limités : marcher avec des chaussures achetées en solde chez Leclerc à 12,50 euros ne me dérange pas, même après avoir regardé les modèles de randonnées à Inter-Sport, environ 150 euros ; lors des soldes à 40%, je n'ai pas puisé dans les dernières réserves, faute de la certitude qu'elles tiendraient ne serait-ce que cinq fois plus longtemps. Des vacances ? La vie est très agréable dans le Quercy. Certes, pour le plaisir de la photo, bouger plus m'apporterait sûrement quelques satisfactions…

4,216 millions de personnes (7,1 % de la population) vivent en dessous du seuil de pauvreté relatif de 50 % et 7,862 millions (13,2 % de la population) sous celui de 60 %, chiffres 2006. Pour 2010, 7,8% de la population en dessous du seuil de pauvreté relatif de 50 % et 14,1 celui de 60%...

La pauvreté fortement ressentie par une partie de la population aux revenus supérieurs aux miens, provient sûrement de son mode de vie, en ville, avec une télévision, la sensation de dépenses obligatoires (fin 2012 j'ai acquis mon premier portable grâce à un bon d'achat offert par cdiscount, pour lequel le forfait à 2 euros mensuels proposé par free me convient... il n'a toujours pas été augmenté et offre en plus les SMS illimités !).

Vivre à la campagne exige pourtant d'importantes dépenses dans les domaines du transport (la voiture est indispensable) et de l'accès Internet. Il n'est pas possible de se lier totalement au seul opérateur fournissant un prétendu haut-débit, ainsi noté sur le contrat avec un débit descendant limité à 512 k et un débit montant à 112 k. Alsatis, dont les absences de service du relai nécessitent de conserver un accès bas débit, Alice, qu'il faut coupler à une protection par un forfait passé de 6 à 10 euros chez Wanadoo devenu Orange, indispensable en cas de dysfonctionnement de la ligne (je m'explique sur l'indispensable : « vous avez un abonnement chez Alice, voyez avec eux » alors que naturellement l'accès aux habitations reste contrôlé par l'opérateur historique).

Cet essai n'arrangera pas mes relations avec les politiques et les médias inféodés !

A l'amie inquiète d'un risque d'autocensure globale des journalistes après un tel texte iconoclaste, j'ai cité Marcel Aymé : « *la seule raison que nous ayons d'écrire, c'est pour dire des choses. Qu'importent les conséquences.* » Et si je reprends ici cette réplique, c'est en hommage à une plume qui osa rester libre dans des circonstances nettement plus dangereuses pour l'insoumission. Il répondait ainsi à Henri Jeanson, ami le mettant en garde sur le danger d'articles contraires à l'idéologie dominante, en 1940 (à la même époque Louis Malvy votait les pleins pouvoirs au maréchal Pétain).

J'ai déjà noté cette remarque dans un précédent livre. Il s'est si peu vendu ! Dans la société du spectacle du vingt-et-unième siècle, seul un "exceptionnel concours de circonstance" peut permettre un retentissement national de mes écrits...

Quant à mes relations avec les médias, elles sont déjà quasi inexistantes…

M. Malvy Martin, Président du Conseil Régional
CONSEIL REGIONAL MIDI-PYRENEES
22, boulevard du Maréchal-Juin
31406 Toulouse Cedex 9

Montcuq le 16 janvier 2013

Monsieur Martin Malvy,
Monsieur le Président de la Région Midi-Pyrénées où je vis depuis 1996,
Monsieur le Président d'une communauté de communes du département où j'ai choisi de vivre,

Je pense avoir écrit quelques textes corrects, et faire correctement mon boulot d'écrivain, mériter ainsi un minimum de respect. Romans, essais, pièces de théâtre (certaines traduites en anglais et allemand), textes de chansons. Mes photos intéressent également, un peu.

Pourtant, quand je lis vos modalités d'attribution des bourses du CRL, je me sens insulté. Minable, l'écrivain indépendant qui souhaite vivre en modeste artisan de la plume, sans passer par les grandes fortunes de France, Gallimard, Lagardère, Esménard ou de La Martinière ? Minable, que d'être une profession libérale, auteur-éditeur ?

Vous avez choisi de mener une politique de soutien aux écrivains inféodés à ces groupes et aux libraires, qui vendent les produits de ces industriels de l'édition (« *industrie culturelle* » selon l'expression de madame la ministre Aurélie Filippetti devant le SNE). Est-ce cela être de gauche au vingt-et-unième siècle ? Pouvez-vous prétendre que la plume des bénéficiaires de ces 8200 euros ait produit des œuvres d'un intérêt supérieur à la mienne et qu'ils méritaient plus que moi un soutien ? Nous les indépendants, sommes des minables ? (j'utilise ce "nous" ès auteur du « *manifeste de l'auto-édition* »)

Vous n'avez pas l'impression que la petite phrase d'exclusion des écrivains professionnels, en profession libérale auteur-éditeur, témoigne d'une politique soumise aux oligarchies, à cette appropriation de la culture par des industriels ? (Emmanuel Todd semble rejoindre mes vieilles analyses, quand il écrit « *la vérité de cette période n'est pas que l'État est impuissant, mais qu'il est au service de l'oligarchie* »)
Vous ne mesurez pas les conséquences sociales et humaines d'une telle politique ?

Depuis plus d'une décennie, j'essaye de demander une approche respectueuse des écrivains indépendants. Votre ami monsieur Alain Bénéteau, m'accorda en son temps de président du CRL, une formule que vous trouverez peut-être également jolie « *nous ne pouvons probablement pas rester sur une situation non évolutive.* » En dix ans, seul le vocabulaire de rejet des indépendants fut modifié [dans votre "*Sont exclus :*" figura la phrase "- *l'auto-édition (éditions à compte d'auteur et éditions à compte d'auteur pratiquées par un éditeur professionnel)*"] J'ai également en vain interpellé monsieur Gérard Amigues, représentant lotois au CRL.
Depuis plus d'une décennie, je vis de peu, le plus souvent sous le seuil de pauvreté. 2013 est financièrement intenable. Ce soutien du CRL représentait mon unique espoir de tenir. Quitter la France devient donc financièrement impératif. Vous vous en réjouirez peut-être. Puisque vous n'avez jamais daigné répondre directement à mes critiques. Mais il fut un temps où notre pays représentait une terre d'espoir et pour continuer d'écrire, vivre de mes ventes, je ne vois d'autre solution que l'exil, en Afrique.
Le "système des installés" a donc gagné : un écrivain qui ne se soumet pas aux oligarchies doit abandonner. C'est peut-être cette petite phrase sur les écrivains indépendants que retiendront de

votre passage sur terre les générations futures. Être écrivain et vivre à la campagne, modestement, représentait un choix de vie (à 23 ans j'étais cadre dans une grande entreprise, bien que je sois né dans un milieu agricole, sans relations). Ecrivain et campagne, deux voies inacceptables ? Exemple pour la campagne, Alsatis, qui nous fut présenté, imposé, offert (les qualificatifs divergent), ce "haut débit" de campagne, ainsi noté sur un contrat spécifiant un débit maximum montant à 128 kbps.

Je n'étais pas retourné à Figeac depuis le 27 avril 1998, votre fête du livre où il m'avait fallu payer 80 francs pour obtenir un "strapontin". J'en ai fait une pièce de théâtre qui je l'espère nous survivra. Lundi 7 janvier 2013, j'ai photographié cette ville. Ce sera, symboliquement, sûrement une de mes dernières publications avant l'exil.

Je n'ai jamais participé (14 livres en papier publié, une cinquantaine d'ebooks) au "*Salon du livre de Toulouse Midi-Pyrénées*" organisé par le CRL. « *Votre qualité d'auteur-éditeur ne nous permet pas de vous intégrer à ce Salon, qui est limité aux éditeurs professionnels de Midi-Pyrénées* » me répondait sa directrice en 1998, Laurence Simon. L'exclusion fut totale. J'ignore si d'autres professions ont eu autant à souffrir de la politique régionale durant vos mandats mais vous ne nous avez rien épargné.

Oui, monsieur Malvy Martin, j'ai essayé une autre voie, car j'ai refusé un système qui confisque 90% des revenus des livres. Ces librairies que votre politique a soutenu, savez-vous qu'elles ont accepté la gestion mise en place par des distributeurs créés par "nos grands éditeurs" (naturellement, vous n'avez "sûrement" pas lu "*écrivains réveillez-vous !*")

En agitant devant le nez des écrivains qui acceptent ce système inique (n'entendez-vous jamais les protestations d'écrivains qui acceptent ce chemin mais ne parviennent pas à en vivre, même à être certains des chiffres de ventes ?) des bourses de 8000 euros (chiffre 2013), vous participez à la pérennité de ce système. Sommes-nous des ânes, monsieur Martin Malvy, pour que l'on nous (les écrivains) promène ainsi ?

Le livre numérique est une chance pour les écrivains. Mais ai-je été invité à participer au groupe de travail régional interprofessionnel sur le livre numérique "*LE NUMERIQUE ET LES MÉTIERS DU LIVRE*" ? La composition de ce groupe est significative des résultats qui souhaitaient être obtenus. Le livre numérique, oui, à condition qu'il soit contrôlé par les "éditeurs traditionnels" et permettent aux libraires de continuer à vivre de ce commerce ?

Naturellement, je suis écrivain et comme Stendhal le plaçait dans la postérité, je vais lancer un dernier billet de loterie dans le monde numérique, en racontant, tout simplement, cette lutte pour vivre debout, cet échec face à votre politique (ce "votre" englobe naturellement vos collègues mais je suis arrivé dans le Lot en 1996, deux ans avant votre élection à la tête du Conseil Régional donc nous aurez marqué ma période lotoise, il est donc normal que votre présidence soit abordée).

Même si, contrairement à madame Danielle Mitterrand et de nombreux membres du PS, je n'ai jamais eu de sympathie pour Fidel Castro, en ce début d'année, j'éprouve pour monsieur Gérard Depardieu une grande tendresse. Comme lui, je suis un être libre, Monsieur, et je sais rester poli.

Veuillez agréer, monsieur le Président de Région, mes très respectueuses considérations.

Stéphane Ternoise
http://www.ecrivain.pro

http://www.romancier.net
http://www.dramaturge.net
http://www.essayiste.net

Dans la « lettre recommandée à monsieur Martin Malvy », a-t-il compris le « *puisque vous n'avez jamais daigné répondre directement à mes critiques* » comme une allusion au recommandé de mars 2010 envoyé par le conseil du Conseil Régional ?

Naturellement, il n'y a peut-être aucun lien entre les deux « affaires » mais en mars 2010, l'avocat du Conseil Régional m'envoya une lettre recommandée pour m'interdire d'afficher le logo du conseil régional sur conseil-regional.info, portail essayant d'observer les politiques régionales... Interdiction au nom de la contrefaçon alors qu'une recherche dans google.fr versant images de « logo région midi pyrénées » génère le 6 janvier 2013 plusieurs pages de réponses, alors qu'aucune des autres régions n'a mandaté d'avocat ni même envoyé de message pour s'opposer à la reproduction de son logo.

Peut-être qu'aucun lien n'existe entre mes critiques de la politique de monsieur Martin Malvy et ce recommandé ! Je me demande néanmoins s'il ne s'agit pas d'une manière de me rappeler qu'on ne conteste pas sans conséquence un président de région de la qualité de l'ancien maire de Figeac.

Des pressions sur les écrits d'un auteur indépendant

Le premier qui dit la vérité... Certes, il ne s'agit pas de prétendre que tout écrit doit être accepté, j'ai moi également dû ester en justice contre une diffamation, condamnée par le TGI de Paris, à 1200 euros en 2012. Mais il s'agit de pouvoir analyser la politique et les propositions commerciales.

Fin 2006, le directeur de la diffusion d'une société pratiquant l'édition à compte d'auteur a exigé la suppression d'une page du site auto-edition.com et d'une sur lewebzinegratuit.com !

Il me menaça : « *un courrier d'avocat. Première phase d'une procédure qui pourra aller plus loin.* »

Le 26 juin 2007 j'ai été assigné au Tribunal de Grande Instance de Paris, par cette société, qui réclama 360 000 euros de préjudice.

Juin et juillet 2007 furent des mois difficiles : on me considérait comme un futur condamné : je n'y connaissais rien à ce monde judiciaire.
Je n'avais jamais eu à rechercher les services d'un avocat.
Mais je ne pouvais pas retirer ces pages écrites en 2002 !

Trouver un avocat connaissant bien le fonctionnement de la 17eme chambre Presse-civile du Tribunal de Grande Instance de Paris était nécessaire...
Le 7 septembre 2009, le jugement a été rendu par cette 17eme chambre Presse-civile du Tribunal de Grande Instance.
Le Tribunal a prononcé l'annulation de l'assignation.
Le procès verbal de signification ayant été remis par huissier le 13 janvier 2010 à la société, le délai d'appel étant d'un mois, il m'a fallu attendre le 13 février 2010.
Presque trois années de pression. Les pages n'ont pas été modifiées, constituent l'historique des sites.

Les 14 et 21 mars 2010 se sont déroulées les élections régionales. J'ai essayé, en vain, dans la région, d'alerter sur la politique du CRL.
Quelques contacts avec des opposants à monsieur Martin Malvy.
Mais rien ne laissa espérer une vraie rupture en cas de changement de majorité.
L'histoire récente retient qu'il fut confortablement réélu.
L'Histoire retiendra-t-elle que le 17 février 2010 (soit quatre jours après la certitude d'absence d'appel de la société qui souhaitait ma condamnation à 360 000 euros de préjudice !) fut écrit à Toulouse, par un avocat d'une société civile professionnelle d'avocat, un courrier destiné, en lettre recommandée, à Stéphane Ternoise.

Je ne l'ai réceptionnée à la poste de Montcuq que le 16 mars 2010.

Monsieur,

Je vous écris en ma qualité de Conseil de la Région Midi-Pyrénées.

Ma cliente m'a fait part des conditions dans lesquelles vous exploitez un site internet à l'adresse "conseil-regional.info" dans lequel vous utilisez sans son accord la marque et le logo de la Région Midi-Pyrénées.

Cette utilisation sans l'accord de ma cliente de sa marque protégée est constitutive d'un acte de contrefaçon au sens notamment des articles L.713-2 et L.713-3 du Code de la propriété intellectuelle ; les sanctions pénales étant précisées par les articles L.716-9 à L.716-14 du même Code.

Je vous mets par conséquent officiellement en demeure de cesser immédiatement d'utiliser cette marque et de la retirer dès réception de la présente de votre site internet.

Je vous précise qu'à défaut de réaction par retour, j'ai reçu instruction d'engager toute procédure visant à la sauvegarde des droits de ma cliente.

(...)

Il me priait de croire en ses sentiments distingués.

Le site http://www.conseil-regional.info contenait le logo de chacune des régions françaises.
J'ai remplacé celui de ma région par un carré blanc entouré de noir, avec noté en rouge "Midi-Pyrénées" et en noir "Logo Interdit". Et une explication. Si le logo est effectivement la propriété de la région, l'interdiction du nom de *"la marque"* pouvait sembler signifier l'interdiction d'utiliser le nom *"région Midi-Pyrénées."* Mais alors, comment nommer cette région ? La Malvynie ? Ou plutôt la Baylonnie ?

La région et l'avocat ont semblé satisfaits car ils n'ont pas poursuivi ! Mais je ne suis pas parvenu à populariser cette information...

Exigence de retrait pour "contrefaçon"... sachant que désormais les voitures de la région possèdent sur leur plaque minéralogique ce logo, sachant que ce logo se trouve sur de nombreux sites (dont wikipedia...), cet avocat aurait dû, en toute logique, œuvrer à la disparition du logo, toujours abondamment repris ! Etais-je directement visé ? Est-ce plutôt mes informations qui dérangeaient ? Mais naturellement, il est peut-être difficile pour une région dirigée par un ancien journaliste (qui plus est dans ce très grand quotidien régional qu'est la *dépêche du midi*) de demander à un avocat d'attaquer des articles argumentés et non diffamatoires. Car naturellement, les faits sont suffisamment éloquents pour que leur simple énumération puisse embêter ! Malheureusement, il semble que notre époque aurait peut-être regardé mes écrits s'ils avaient contenu de la diffamation mais une information dans ce domaine de l'édition ne semble pas vraiment intéresser. Trop de situations acquises en jeu ?

Entre temps, en 2008, j'avais reçu une autre lettre recommandée d'avocat, datée du 15 avril, également à Toulouse, dossier Richard Seff et Francis Cabrel.

Parfois l'envie me vient de ressortir du Coluche, comme dans "*les discours en disent long*" où il balançait « *si la Gestapo avait les moyens de vous faire parler, les politiciens d'aujourd'hui ont les moyens de vous faire taire* » mais je me retiens car nous sommes au vingt-et-unième siècle et les femmes et les hommes politiques de ce pays sont très attachés à la liberté d'expression.

La réponse "de" monsieur Malvy

Joël Neyen
Directeur Général des Services

Toulouse, le 11 FEV. 2013 (en dessous, du blanco masque le cachet de la date à l'envers)

Objet : VOTRE COURRIER DU 16 JANVIER

Monsieur,

Votre courrier visé en objet, et relatif à l'analyse que vous faites des différentes modalités de soutien à l'écriture et à l'édition en région, a retenu toute l'attention de Monsieur Martin Malvy, Président du Conseil Régional de Midi-Pyrénées.

À sa demande, je vous apporte les précisions suivantes. Dans le contexte fragilisé de la filière du livre et de la lecture, sur laquelle pèse plus que jamais les impondérables liés aux mutations induites par les nouvelles technologies et notamment, la perspective de l'émergence du livre numérique, la Région a choisi de concentrer son intervention en faveur des opérateurs les plus exposés, petites structures d'édition et librairies notamment, afin de conforter les conditions de leur activité en Midi-Pyrénées [remarque Ternoise : finalement, quel beau paragraphe, qui expose le conservatisme, la mise au service des installés de la puissance des services publics de la région, contre la possibilité d'une transformation ; pas un mot sur les écrivains : « petites structures d'édition et librairies »]

Cette décision est le fruit d'une concertation élargie entre les opérateurs professionnels concernés, le Ministère de la culture, le Centre Régional des Lettres et la Région, et prend en compte tant la viabilité économique de la filière que la qualité de sa production. [remarque Ternoise : il suffit de réunir des gens qui ont les mêmes intérêts, d'ignorer les autres, pour prétendre s'être concerté. Quant à la viabilité économique et la qualité de la production, je pense avoir exposé de manière éloquente pourquoi je me retrouve en situation de "faillite" sans que la qualité puisse être démontrée inférieure à celle des auteurs aidés.]

Dans ce contexte, des choix doivent être opérés entre les multiples demandes qui sont présentées à la Région, qui bénéficie pour cela de l'assistance d'un comité d'experts professionnels. Plus d'une centaine d'ouvrages sont ainsi soutenus chaque année. [remarque Ternoise : « un comité d'experts professionnels », sans écrivain indépendant, naturellement. De quels pouvoirs magiques sont dotés ces experts pour me juger sans m'avoir lu ?]

La publication à compte d'auteur est exclue, pour sa part, de ce système, car elle revient à la commande directe d'un auteur à l'éditeur, ce qui élude l'engagement personnel de l'éditeur en faveur du projet. Seules sont donc recevables les publications à compte d'éditeur. [remarque Ternoise : il semble donc que l'existence de la profession libérale auteur-éditeur soit niée, elle ne peut quand même pas être assimilée à du compte d'auteur par des hommes aussi compétents. Il existe donc deux voies : compte d'auteur ou compte d'éditeur... exit la profession libérale...]

Dans la mesure du possible, la plus grande promotion est faite aux auteurs et éditeurs dans le cadre du Salon du livre "Vivons livres", organisé chaque année au moins de novembre. [remarque Ternoise : "vivons livres", mais surtout pas libres ! Un écrivain doit se soumettre à la filière...]

Enfin, des bourses d'écritures sont attribuées, chaque année, pour valoriser le travail des auteurs de la région et contribuer à la promotion des oeuvres littéraires. [remarque Ternoise : la lettre portait bien sur ce sujet. Mais l'absence de réponse pour les travailleurs indépendants est flagrante !]

Ainsi que vous le voyez, différents protocoles d'intervention sont à l'œuvre, en faveur de la filière du livre, qui bénéficient, au premier chef, aux structures les plus fragiles. [remarque Ternoise : faux monsieur, les structures les plus fragiles sont les travailleurs indépendants et vos protocoles d'intervention sont des protocoles d'exclusions à leur égard.]

Je vous prie de croire, Monsieur, à l'assurance de mes sentiments distingués. [remarque Ternoise : j'en doute !]

Signature
Joël NEYEN

[remarque Ternoise : chacun, en relisant ma lettre du 16 janvier et cette réponse peut conclure sur le degré de pertinence de l'argumentaire. Il me passe par la tête une phrase qui n'a sûrement aucun rapport :
« *Vous venez avec vos questions, je viens avec mes réponses...* » et j'entends la voix de Georges Marchais...]

Seconde lettre

M. Malvy Martin, Président du Conseil Régional
CONSEIL REGIONAL MIDI-PYRENEES
22, boulevard du Maréchal-Juin
31406 Toulouse Cedex 9

Montcuq le 24 février 2013

Vos Réf : ----/AR/--- - --------

Monsieur le Président de la Région Midi-Pyrénées,

Vous avez considéré M. Joël NEYEN, directeur Général des Services, comme le plus apte à répondre à mon courrier du 16 janvier 2013. Il précise bien qu'il s'agit d'une réponse suite à votre demande. Je me permets donc de considérer que les réponses vous engagent. Peut-être êtes-vous mal conseillé, victime des notes d'un puissant lobby. Je sais bien que nul ne peut connaître l'ensemble des activités d'une société.

Donc, M. Martin Malvy, à l'approche du quinzième anniversaire de votre entrée à la présidence de notre région, le jour de vos 77 ans, vous ignorez toujours qu'il existe une profession libérale auteur-éditeur, ainsi déclarée à l'urssaf (N°SIREN ---------) et au service des impôts (déclaration contrôlée, BNC, avec même un numéro de TVA Intracommunautaire FR42---------).

Vous répondez pour justifier vos financements "*en faveur des opérateurs les plus exposés*" mais il est apocryphe de prétendre que vous intervenez pour soutenir les "*petites structures d'édition*." (l'auteur-éditeur étant la structure de base de l'édition indépendante)

Vous répondez pour justifier votre exclusion des aides de la publication à compte d'auteur. Ce qui n'est pas le sujet ! Qui plus est, vous devriez connaître ma position sur le sujet (affaire au TGI de Paris quand une société pratiquant le compte d'auteur m'y a assigné pour essayer de faire disparaître de mes sites mes analyses). Quant à "votre" salon du livre, il se caractérise par l'exclusion des auteurs indépendants.

Mais pas un mot sur la profession que j'exerce, auteur-éditeur, en travailleur indépendant, profession libérale, qui constituait pourtant le coeur de mon questionnement dans ma lettre du 16 janvier 2013.

Pas un mot non plus sur les conditions de travail consécutives à l'absence de connexion Internet à une vitesse correcte dans les campagnes de la région (en un mot : alsatis).

Vous avez tort, monsieur Martin Malvy, de vous placer du côté des installés contre les écrivains indépendants. L'auto-édition est une vraie profession. J'en suis même l'un des symboles au niveau national, auteur du "*manifeste de l'auto-édition*." Madame Aurélie Filippetti, ès ministre de la Culture, écrivait d'ailleurs récemment « *l'auto-édition est riche de promesses.* » Mon combat pour sa reconnaissance passe donc par la dénonciation de votre position, de votre politique (j'ai bien noté l'absence de réponse du président du CRL, M. Michel Perez).

J'aimerais donc une vraie réponse, où vous n'assimileriez pas l'auto-édition (terme usuel pour la profession libérale auteur-éditeur) au compte d'auteur (défini par l'article L132-2 du CPI et régi par la convention, les usages et les dispositions des articles 1787 et suivants du code civil).

Je ne vois pas d'autre résumé à votre réponse que de considérer que vous avez assimilé une profession libérale indépendante à la pratique du compte d'auteur, activité sur laquelle nous semblons d'accord pour conclure qu'elle ne peut pas mener à une professionnalisation mais dont la définition semble erronée chez vous.

Veuillez agréer, monsieur le Président de Région, mes très respectueuses considérations.

Stéphane Ternoise - http://www.ecrivain.pro

Cette lettre fut réceptionnée le 28 février 2013 par le secrétariat général Région Midi-Pyrénées.
M. Malvy Martin est bien né le 24 février 1936. Comme moi, il n'est pas né dans le Lot. Lui, à Paris. Fin de partie. D'échange...

Question de constitutionnalité de la politique de M. Martin Malvy

Je pose la question. Avec l'espoir qu'un juriste s'en saisisse.
Est-il conforme à la Constitution, au principe d'égalité des citoyens, de rendre certains écrivains inéligibles aux bourses publiques, au motif qu'ils sont travailleurs indépendants, immatriculés en profession libérale, et non inféodés à un "éditeur traditionnel" par un "contrat d'édition à compte d'éditeur" ?
Puisse cette question ouvrir un débat sur la politique du Centre Régional des Lettres Midi-Pyrénées, un débat refusé par M. Martin Malvy depuis 1998.
Cette discrimination d'une profession libérale est-elle, d'autre part, socialement juste ? Avis de politiques bienvenus.

Enculé... oh le vilain mot !

Comme ce livre est violent ! Rien que le titre...

Le terme "enculé" vous dérange ? Certes, je ne suis pas rappeur. Joey Starr vous effarouche moins en beuglant « *Normal que la France balise / J'sais pas pour qui voter, le moins enculé des enculés* » ?

Quant à Renaud, il constate dans "*Petit Pédé*" : « Dans le p'tit bled d'où tu viens. Les gens te traitaient pire qu'un chien. Il fait pas bon être pédé quand t'es entouré d'enculés. » Il ne fait pas bon non plus être écrivain indépendant...

Vous ignorez "*S'faire enculer* " de Georges Brassens ?
« *La lune s'attristait. On comprend sa tristesse*
On tapait plus dedans. Ell' s' demandait : "Quand est-ce
Qu'on va s' rappeler de m'enculer ?"... »

Ça commence comme du Mallarmé ("Apparition" : *La lune s'attristait. Des séraphins en pleurs Rêvant, l'archet aux doigts, dans le calme des fleurs...*) mais l'image s'éclipse rapidement pour exposer crûment :

« *Oui mais depuis qu'Adam se fit charmer par Ève,*
L'éternel féminin nous emmerde et je rêve
Parfois d'aller m' faire enculer.
Sous les coups de boutoir des ligues féministes,
La moitié des messieurs brûle d'être onaniste,
L'autre d'aller s' faire enculer... »

Après "Dernières Chansons" en 1982, Jean Bertola, présenté comme "un grand ami de Georges Brassens", sortait en 1985 "Le Patrimoine de Brassens" où figure cet iconoclaste « *S'faire enculer* » que l'homme à la guitare n'est pas parvenu à imposer à sa maison de disque...

Que suis-je selon eux ?

Dans leur conception des relations humaines et sociales, leur sens des mots, c'est peut-être moi l'enculé.
Ou l'enfoiré ?
Ou le marginal ?
L'indigne ?
L'anarchiste ?
L'idiot ? (alors que je pourrais gagner du fric ; "il en a les compétences"...)
Le mauvais exemple ?
Le rêveur ? (croire qu'il sera lu ! ah ! ah !)
Le blacklisté ?
L'ivoirien ?
Le poète ?
L'inadapté social ?
L'invalide à 60% ?...

Je ne changerai pas ces gens... L'essentiel : ne pas devenir comme eux.
Fréquenter "la foule" comporte des risques... Sénèque le constatait déjà.
S'isoler totalement comporte d'autres risques...
Avec le temps, on croise parfois des personnes avec lesquelles partager quelques affinités, et même une bière de temps en temps...

Des conseils... de "bon sens"... mais...

« Ne vous battez pas contre plus fort que vous... Vous y perdez de l'énergie et ça ne vous apporte rien... »

Ne pas se battre contre l'assureur car "le puissant grand groupe" possède une armada d'avocats, de juridiques... Et même si, finalement, il était reconnu coupable de quelque chose, j'obtiendrais une récompense dérisoire...
Mais quand même... quand une lettre peut rapporter 1950,84 euros, elle mérite d'être écrite !

Le 20.02.2015

Le décompte de votre règlement est le suivant :

INDEMNITES JOURNALIERES 036 JOURS DU 04/11/2014 AU 09/12/2014

PROLONGATION D'ARRET DE TRAVAIL DU 4 11 14 AU 9 12 14 SOIT 36 JOURS

Hé oui ! Quand on te dit NON ou STOP, il vaut mieux s'adresser à l'échelon supérieur... De manière argumentée...
Jack-Alain Léger écrivait dans "Ma vie (titre provisoire)" : « Hé bien ! La guerre continue, la guerre pour trouver ce minimum de paix nécessaire, un éditeur, un contrat, de quoi tenir encore quelques mois. J'en suis là. »
Il avait tort de croire l'éditeur indispensable. Il a eu tort de se suicider. La guerre continue... Nous sommes en guerre contre les enculés...

Le travailleur indépendant en arrêt de travail

Rien. Tu n'as droit à rien, en cas d'arrêt de travail. Pourtant, URSSAF, RSI... mais non, ça ne couvre pas l'arrêt de travail. Faut une assurance, un contrat "loi Madelin."

« Rodez, le 28 mars 2014

Monsieur,

Nous portons à votre connaissance les conclusions du Docteur HEREIL qui vous a expertisé le 21.03.14 dans le cadre de votre dossier du 24/01/2014

- Arrêt de travail total justifié du 24.01.14 au 21.03.14
- Arrêt de travail partiel ensuite,

Nous vous rappelons que selon les disposition de votre contrat l'arrêt de travail partiel ne peut donner lieu à indemnisation. »

Depuis, je cause du marabout d'Hereil, qui par imposition des mains m'a guéri !

« Rodez, le 23 mai 2014

Monsieur,

Nous portons à votre connaissance les conclusions du Docteur IMART qui vous a expertisé le 02.05.14 dans le cadre de votre dossier du 24/01/2014

- Arrêt de travail total justifié du 24.01.14 au 21.03.14
- Arrêt de travail partiel ensuite, »

« Rodez, le 12 janvier 2015

Monsieur,

Nous accusons réception de votre LR/AR du 09 janvier 2015.

Notre Médecin Conseil Régional, a validé les conclusions du Docteur Olivier Jacques qui vous a expertisé le 09 décembre 2014, dans le cadre de votre dossier 2014807897 du 24/01/2014.

Ce dernier notifie :

- Consolidation acquise au 03/11/2014,
- Invalidité permanente partielle au taux de 60% au 03/11/2014.

En application des garanties prévues par votre contrat n°06053880-2007, il ne nous sera pas possible de vous verser d'indemnités journalières supplémentaires, la période d'arrêt de travail total fixée par l'expert ayant été intégralement indemnisée.

D'autre part votre contrat se limitant à la garantie de l'arrêt de travail total, il ne peut y avoir de prise en charge de l'invalidité fixée par l'expert. »

Le 31 janvier 2015, j'écrivais donc au Directeur Général...

« Balma, le 16 février 2015

Monsieur,

J'ai bien reçu votre lettre du 31 janvier relatif au traitement de votre dossier sinistre qui m'a conduit à prendre les dispositions suivantes.

D'une part, concernant l'arrêt du versement de vos prestations au 03 novembre 2014, je demande au Service de gestion de procéder au paiement des indemnités journalières jusqu'au 09 décembre 2014, date à laquelle vous avez été examiné par le Docteur Olivier.

D'autre part, je propose que le Médecin Conseil de Groupama d'Oc mette en place, dans les meilleurs délais, une nouvelle expertise à valeur arbitrale dont les frais seraient entièrement à notre charge. Pour ce faire nous vous soumettrons trois noms d'experts faisant référence auprès des tribunaux, et nous vous laisserons retenir l'arbitre de votre choix. Nous appliquerons les décisions fixées par cet expert dans les limites, bien entendu, de votre contrat.

Si ces dispositions ne vous agréent pas vous savez avoir la liberté du choix d'une issue judicaire. Voie que nous n'hésiterions pas non plus à utiliser en cas d'action à caractère diffamatoire telle que la diffusion de propos enregistrés à l'insu.

Je vous prie de croire, Monsieur, en l'assurance de mes sincères salutations

Le Directeur Général

Gérard JOALLAND »

Intéressant d'essayer d'éviter la « diffusion de propos enregistrés à l'insu » en invoquant la diffamation... Pourtant il s'agit de propos tenus par des employées de Groupama, du bureau de leur responsable m'ayant appelé...

Au quatrième expert, j'exposerai : j'écris un livre sur la manière dont les assureurs ont organisé la garantie arrêt de travail, donc vous êtes le quatrième "expert" que je visite afin de mettre en lumière la belle indépendance de ces gens grassement rémunérés pour cocher la case arrêt partiel. Il semblerait que l'expert obtienne 160 euros. Une heure de travail ?

La démocratie confisquée

2015... Elections départementales avant les régionales...

La confiscation de la démocratie a bien fonctionné : on cherche les candidats non inféodés aux partis...

« Exit donc les alternatifs, les farfelus, les candidatures de témoignage et autres groupuscules qui se servaient des élections cantonales comme d'une tribune. » Ainsi résume la Dépêche du Midi (de Jean-Michel Baylet et du PRG) sous la plume de Sébastien Marti au sujet des candidats déclarés en Haute-Garonne. Soyez encartés ! Ou amis des encartés (parfois se clationne un refrain : "ouverture à la société civile")
Sur une autre page, le même expliquait : *« La plupart des organisations politiques dans les starting-blocks : le Parti socialiste allié au PRG ; l'union de la droite qui rassemble l'UMP, l'UDI et le Modem ; Europe Ecologie-Les Verts qui a formé selon les cantons des alliances avec le PCF et Nouvelle donne ; le PCF qui a aussi scellé des accords avec Ensemble (un courant du Front de gauche) et le MRC ; le Parti de gauche derrière le mouvement «Pour une majorité citoyenne» ; enfin le Front national qui présentera des candidats dans tous les cantons. »*

Pour son Tarn-et-Garonne, le 18 février 2015 Alain Baute n'avait aucun état d'âme à soutenir son patron : *« C'est quand les repères se brouillent que l'on s'accroche à son vécu... Le nouveau périmètre des cantons, le renouvellement de la moitié des conseillers généraux actuels par l'arrivée de 15 dames, et souvent le nombre important d'équipes au départ, constituent autant d'arguments pour étayer la fameuse prime aux conseillers généraux sortants, forts d'un excellent bilan en bandoulière. Ensemble, dans une rare unanimité, ils ont voté les budgets pour appliquer les politiques voulues afin de développer le département, aujourd'hui devenu un des plus attractifs du pays. Ensemble, dans une fraternité dépassant les clivages politiques, ils ont partagé la vision de leur président, pour un équilibre entre les territoires ruraux et les secteurs urbains, toujours soucieux de placer l'humain au centre de leurs décisions. »*

Oui « la vision de leur président », c'est celle du patron du Conseil Général du 82 et de sa *Dépêche,* l'homme ayant introduit dans nos campagnes sa Sylvia Pinel, mise sur orbite par ses vaillants journalistes...

Je suis Anna Blume !

En 1987, Paul Auster publiait "*In the Country of Last Things*", au pays des choses dernières. Mais la traduction française fut lancée sous le titre "*Le Voyage d'Anna Blume.*" Une très mauvaise initiative. Car il s'agit bien d'un voyage au pays des choses dernières. Les lectrices et lecteurs francophones furent considérés trop bêtes pour comprendre ?

Sous la forme d'une lettre dont on ignore la manière dont elle a pu sortir de cet enfer, Anna Blume raconte l'histoire de son errance sur un territoire coupé du monde, où elle a décidé de se rendre à la recherche de son frère. Dans ce « pays des choses dernières », il s'agit de survivre.

« Il n'y a rien que les gens se retiennent de faire, et le plus vite tu l'auras compris, le mieux tu te porteras. »

« Tôt ou tard, vient un moment où l'on ne fait plus l'effort de se relever. »

« Tu ne peux survivre que si rien ne t'est nécessaire. »

« On pouvait travailler tant qu'on voulait, il n'y avait aucune possibilité de ne pas échouer. »

La France n'est pas ce « pays des choses dernières » ! Il faut certes accepter "une certaine pauvreté" pour vivre sans s'agenouiller (ou alors avoir un immense talent prétendront peut-être certains en souriant)...

Jusqu'au jour où un "expert" signera le papier nécessaire et suffisant, naturellement pour le bien d'un vilain « *connu pour son comportement marginal et son emportement à l'égard d'autrui* », et l'écrivain mâté sera placé. Il « *vivait dans des conditions d'hygiène déplorables* » ! Il se trouvera toujours des "experts" pour ce gente de formalités bien rémunérée, comme il s'en trouvait pour envoyer dans un camp de rééducation ou d'extermination.

N'ayez pas peur !

« Ils ont les moyens de nous pourrir la vie » résume lors d'une cordiale conversation le Rédacteur en chef. Ce jour de bouclage, je passais simplement quelques minutes afin de lui permettre de me photographier...

Aucun article n'informera le Lot de la parution de l'essai "Cahors, municipales 2014 : un enjeu départemental majeur."

Sa visibilité n'aurait naturellement rien changé au résultat... mais peut-être aurait-elle permis à des gens de m'apparaître moins agenouillés...

À la Cathédrale de Cahors, le nouveau Saint Jean-Paul II apparaît près de notre lotois Perboyre, avec en exergue l'une de ses phrases emblématiques "*n'ayez pas peur.*"

Je leur ai dit, dans ce livre "auto-censuré" : n'ayez pas peur de Baylet, Malvy et leurs amis. C'est justement par l'information que vous démasquerez ces "hommes de gauche." Mais ils prétendent suivre Jean-Paul II et s'agenouillent comme Jean-Paul 3 (avec l'accent Jean-Paul Tron...)

Jean Poltron pour les esprits lents...
Y'en a puisque Maryse Maury a de fortes malchances,
pour nous, de "succéder" à son époux.
À ne pas confondre avec Georges Tron, "célèbre musicien"...

255

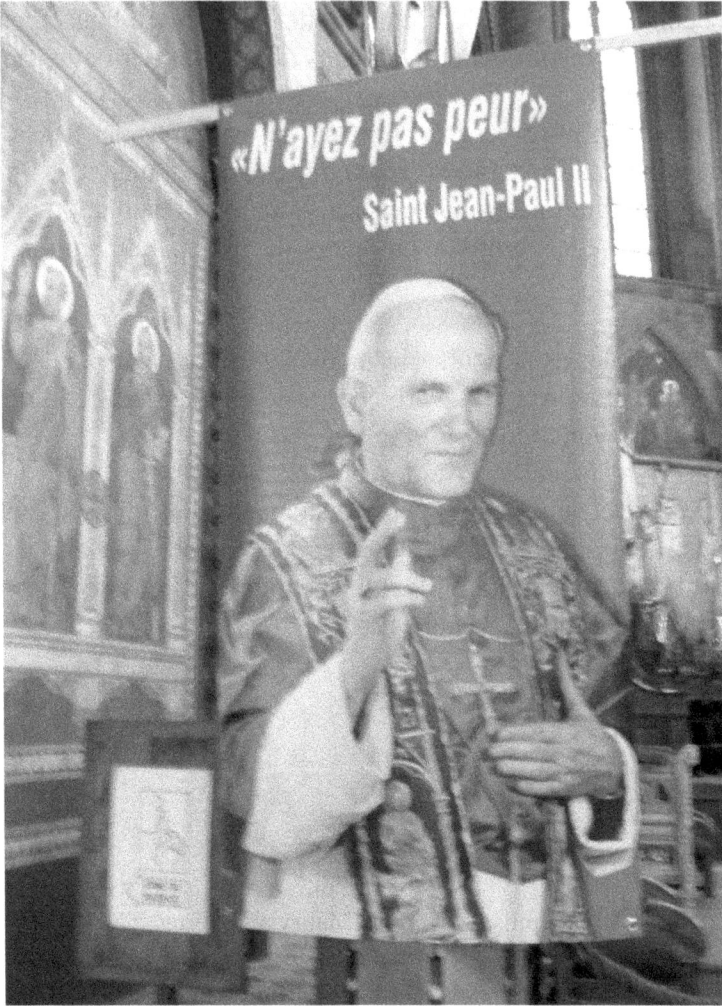

Table

Mentions légales

Tous droits de traduction, de reproduction, d'utilisation, d'interprétation et d'adaptation réservés pour tous pays, pour toutes planètes, pour tous univers.

Site officiel : http://www.ecrivain.pro

Présentation des livres essentiels :
http://www.utopie.pro

Couverture : un vitrail réalisé par Joseph Villiet, à Figeac.

Dépôt légal à la publication au format ebook du 8 mars 2015.

Imprimé par CreateSpace, An Amazon.com Company pour le compte de l'auteur-éditeur indépendant.
livrepapier.com

ISBN 978-2-36541-644-3
EAN 9782365416443
Agenouillez-vous devant les enculés ! de Stéphane Ternoise
© Jean-Luc PETIT - BP 17 - 46800 Montcuq - France

www.ingramcontent.com/pod-product-compliance
Lightning Source LLC
Chambersburg PA
CBHW062049270326
41931CB00013B/3008